★ 专利代理师资格考试应试人员推荐用书 ★

专利代理师资格考试
模拟试题及解析
专利代理实务篇

欧阳石文 ◎ 总主编　　欧阳石文　赵南阳 ◎ 主　编

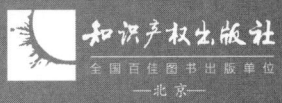

图书在版编目（CIP）数据

专利代理师资格考试模拟试题及解析.专利代理实务篇/欧阳石文总主编；欧阳石文，赵南阳主编.—北京：知识产权出版社，2023.1
ISBN 978-7-5130-8533-5

Ⅰ.①专… Ⅱ.①欧… ②赵… Ⅲ.①专利—代理（法律）—中国—资格考试—题解 Ⅳ.①D923.42-44

中国版本图书馆CIP数据核字（2022）第253300号

内容提要

本书提供了五套专利代理师资格考试专利代理实务科目的模拟试题，整体难度与试题形式严格对标真题，即先给出整套试题，最后以现行法律法规详尽解析并提供参考答案，使考生较为真实、准确地检验备考水平。

责任编辑：卢海鹰　王瑞璞	责任校对：潘凤越
封面设计：杨杨工作室·张冀	责任印制：刘译文

专利代理师资格考试模拟试题及解析
——专利代理实务篇

欧阳石文　总主编

欧阳石文　赵南阳　主编

出版发行：知识产权出版社有限责任公司	网　　址：http://www.ipph.cn
社　　址：北京市海淀区气象路50号	邮　　编：100081
责编电话：010-82000860转8116	责编邮箱：wangruipu@cnipr.com
发行电话：010-82000860转8101/8102	发行传真：010-82000893/82005070/82000270
印　　刷：三河市国英印务有限公司	经　　销：新华书店、各大网上书店及相关专业书店
开　　本：889mm×1194mm　1/16	印　　张：6.75
版　　次：2023年1月第1版	印　　次：2023年1月第1次印刷
字　　数：160千字	定　　价：50.00元
ISBN 978-7-5130-8533-5	

出版权专有　侵权必究
如有印装质量问题，本社负责调换。

作者简介

欧阳石文

湖南省永州人，研究员。2002年毕业于中国农业科学院研究生院，获得博士学位。

自2002年起在国家知识产权局专利局专利审查协作北京中心工作。2004年3月至2005年3月借调到国家知识产权局原专利复审委员会工作，2014年1月至4月在北京市第一中级人民法院交流。2010～2011年任国家知识产权局专利局专利审查协作北京中心审查业务部研究室主任，2012～2014年任国家知识产权局专利局专利审查协作北京中心医药生物部生物工程一室主任、生物工程四室主任，2014年5月至2018年在国家知识产权局专利局专利审查协作河南中心工作，任化学发明审查部副主任，入选北京市知识产权专家库，担任多家知识产权培训机构讲师，现为北京知文通达知识产权代理事务所创始人和执行合伙人。曾多次参加全国专利代理人资格考试专利代理实务科目的阅卷工作，对专利代理实务考试有较深入的研究。曾参与专利审查指南的修订工作、国家知识产权局内部规程《审查操作规程•实质审查分册》的编写工作，参与《专利法实施细则》修改课题研究、国家知识产权局专项课题研究等10余项，在《知识产权》《专利法研究》等知识产权专业书刊上发表论文30余篇；主编《医药生物领域发明专利申请文件撰写与答复技巧》，联合编著《专利代理实务应试指南及真题精解》《专利有效性检索》，并参与《实用新型专利权评价报告实务手册》《发明专利保护客体典型案例评析》《海外专利实务手册（美国卷）》等多部著作的撰写。

赵南阳

专利代理师、律师，云基智慧工程股份有限公司专利主管，从事专利代理工作10余年，深耕专利代理师资格考试专利代理实务科目培训多年，培训的学员遍布全国各地。

专利代理师资格考试模拟试题及解析丛书
总　序

目前市场上已有的各种专利代理师资格考试（以下简称"考试"）应试书籍，基本上都是考试思路和技巧的讲述，或者真题解析，大多不太适合于应试模拟。其中科目一和科目二均是客观选择题，目前应试书籍直接将答案置于试题附近，考生在看题干时就能看见答案，这不利于考查自己是否真的记住了相关的知识点。而对于科目三，缺乏比较完善的模拟试题，历年真题往往由于考生参加过考试或阅读过应试书籍而不适合作为模拟题。

因此，作者分别针对三个科目编制了模拟试题，形成了"专利代理师资格考试模拟试题及解析丛书"。在整体上，每一套模拟题均按照考试的形式印制，各题的简要解析和答案单独设置于相应模拟题之后或图书后半部分，以供核对。

本丛书适合于考生在考前一段时间模拟以检验自己的备考状态，并进一步掌握考试的技巧和思路，从而提高应试水平，获得理想的考试成绩。

鉴于试题内容和知识点繁多，难免有误，还请读者批评指正，以便必要时进行更正。

欧阳石文

2022.11

前 言

专利代理师资格考试中的科目三为专利代理实务考试，是《专利法》理论知识联系代理实务实际的考试科目。基于该科目的特点，考生不仅需要充分理解相关的理论知识，而且需要具有理论联系实际以解决专利代理实务实际问题的能力，尤其后者是需要一定实践才能有效获得。此外，专利代理实务考试具有自身的特点，如考试的一些规则和技巧等。一方面，仅仅依赖于现实中实际专利代理实践，考生往往不能很好适应考试的特点和要求。另一方面，现有应试书籍大都是对历年专利代理实务考试真题进行分析，不适于考生实际模拟实践，因为往往都是事先已经看过相关的试题解析和答案本身。因此，基于上述因素，本书特意针对专利代理实务考试编写或改编了5套模拟试题，涵盖目前常见的几种考试形式，包括专利申请文件的撰写、专利审查意见的答复、无效宣告请求及针对无效宣告请求的答复的不同组合方式和出题方式。

对于模拟题而言，重在模拟，本书将相关试题按照类似于实际试题的形式编制。而对于应试考生而言，在使用本书时，建议按照实际考试的方式进行，即在规定的时间内阅读试题，给出自己的答案，然后再对比本书给出的相关参考答案，分析答题中存在的错误，找出差距。必要时，可以进行第二次模拟答题，有针对性地解决自己应试中存在的不足。其中，也要注意考试的要求和技巧，掌握考试的规律，有利于在正式专利代理实务考试中发挥出应有的水平。

为了避免阅读时直接参看答案，本书没有将参考答案紧接相关试题，而是集中置于后面作为本书单独的部分。同时，为了便于理解，也给出简要的试题解析，对重点、难点或注意事项进行说明，但并没有给出全面的解析，需要考生自己领悟，这样也许更有收获。

在备考的过程中，考生应根据自身进度，在合适的时间进行模拟答题，即本书的5套题可以分别在一定时间间隔下使用，以检验备考的情况。建议在正式考试前3个月至2周的时间段内进行，具体可根据自身情况安排。

需要说明一点。实务试题答案有时并不唯一，甚至存在一定争议，笔者尽量避免这种情况，但也并不意味着所给出的参考答案就是唯一的或者是最优的。考生应重点关注出题人的意图，找到考点并相应地给出答案，如此也不会"钻牛角尖"而使答案与出题人或评分标准要求产生偏差而丢分。在正式考试中也应同样讲究这一原则，有利于获得应有的分数。

第一至三套、第五套试题及简要解析由欧阳石文完成，第四套试题及简要解析由赵南阳完成，欧阳石文对全书进行了统校。由于编者水平所限，难免存在考虑不周甚至错误之处，敬请读者不吝指出。

目 录

模拟试题

专利代理师资格考试模拟试题（第一套） …………………………………………… 3
专利代理师资格考试模拟试题（第二套） …………………………………………… 13
专利代理师资格考试模拟试题（第三套） …………………………………………… 23
专利代理师资格考试模拟试题（第四套） …………………………………………… 34
专利代理师资格考试模拟试题（第五套） …………………………………………… 44

简要解析

第一套模拟试题简要解析 ……………………………………………………………… 55
第二套模拟试题简要解析 ……………………………………………………………… 62
第三套模拟试题简要解析 ……………………………………………………………… 70
第四套模拟试题简要解析 ……………………………………………………………… 78
第五套模拟试题简要解析 ……………………………………………………………… 87

模拟试题

专利代理师资格考试模拟试题

（第一套）

试题说明

第一题

客户甲公司在自行向国家知识产权局提出专利申请后，收到国家知识产权局针对该专利申请发出的第一次审查意见通知书及所附的两份对比文件。现假设客户委托应试者所在专利代理机构办理针对第一次审查意见通知书的答复工作，专利代理机构指派应试者来完成这项工作。

1. 要求应试者针对第一次审查意见通知书，结合考虑两份对比文件的内容，为客户撰写一份意见陈述书正文。

2. 必要时，可以对专利申请的权利要求书进行修改。如果权利要求存在形式缺陷，请一并修改克服。

鉴于考试时间有限，不要求应试者对专利申请的说明书进行修改。

第二题❶

1. 假设客户以该专利申请的说明书作为技术交底书，并提供了上述两份对比文件作为所了解到的现有技术，委托应试者所在专利代理机构为其提出发明专利申请，请应试者为客户撰写发明专利申请的权利要求书。

2. 如果认为应当提出一份发明专利申请，则应撰写独立权利要求和适当数量的从属权利要求，其中包含两项或两项以上的独立权利要求，则应说明这些独立权利要求能够合案申请的理由；如果认为应当提出多份发明专利申请，则应说明不能合案申请的理由，并针对其中的一份专利申请撰写独立权利要求和适当数量的从属权利要求，对于其他专利申请，仅需撰写独立权利要求。

答题须知

1. 所有试题的正确答案均以现行、有效的法律和法规为准。

2. 作为考试，应试者在完成题目时应当接受并仅限于本试卷所提供的事实，不要补充应试者可能具有的有关该发明主题的任何专门知识。

---

❶ 注意，实际考试中形式可能会不同，此题测试应试者在提出专利申请时撰写权利要求书的能力。

客户的专利申请文件

(19) 中华人民共和国国家知识产权局

(12) 发明专利申请

(10) 申请公开号 CN 101234567 A
(45) 申请公布日 2022.10.30

(21) 申请号 202210123456.8
(22) 申请日 2022.04.30
(73) 申请人 甲公司

(其余著录项目略)

权 利 要 求 书

1. 一种液体探测器（100，200），其包括第一电极（2，20）、第二电极（3）和电绝缘部件（1），第一电极（2，20）和第二电极（3）设置在所述电绝缘部件（1）上，其特征在于：所述电绝缘部件（1）不透水，该探测器还包括用于接纳液体的容器（4，40），第一电极（2，20）和第二电极（3）被设计成当容器（4，40）中有足够电导性液体时在两者之间形成电连接。

2. 如权利要求1所述液体探测器（100，200），其特征在于，第一电极（2，20）低于第二电极（3），第二电极（3）至少有部分位于容器（4，40）的侧壁（5，50）上。

3. 如权利要求1或2所述液体探测器（100）的容器（4），其特征在于，该容器由所述电绝缘部件（1）中的盲孔形成。

4. 如权利要求1至3中任一项所述液体探测器（200）的容器（40），其特征在于，该容器（40）由所述电绝缘部件（1）中的通孔和封住该通孔下端的第一电极（20）形成。

5. 一种液体探测器组合（300），由多个如权利要求1至4中任一项所述的液体探测器（100，200）组成。

6. 如权利要求5所述液体探测器组合（300），其特征在于：每个液体探测器（100，200）各自独立进行检测。

说 明 书

液体探测器及其组合

技术领域

[0001] 本发明涉及一种用于检测液体是否渗漏的液体检测装置中的液体探测器和由多个液

体探测器构成的液体探测器组合,其中每个液体探测器包括两个电极。

背景技术

[0002] 在许多情形下,人们都需要检测是否存在液体,例如液体渗漏、水管破裂等。发生这种情况,若不及时采取措施,则会在工厂和家中造成很大损失,因此及时检测液体的存在是非常重要的。

[0003] 现有技术中也有许多种液体探测器。这些液体探测器多半利用液体的特性,如利用水中含有少量金属离子而具有的导电性。

[0004] 液体检测装置通常包括液体探测器以及由电源(如电池)和电流监测部件构成的监控器。该探测器包含有两个彼此相隔开的电极,当两个电极间存在水时,两个电极间形成电连接,从而其与电源和电流监测部件形成导通的电路,即在电路中产生电流,进而通过电铃、蜂鸣器或电灯等发出报警信号。

[0005] 现有技术中公开了一种液体探测器,包括两个电导体和由电绝缘纤维制成的具有吸水性的垫层,两个电导体置于垫层的顶侧和底侧。当垫层遇液体浸湿后,则在两个电导体之间形成电连接,从而与由电源和电流监测部件构成的监控器形成导电通路,指示液体已将探测器所在处的垫层浸湿。然而,当垫层吸水后,探测器需要等晾干后才能使用,为此需要间隔一段时间,不能很快再次使用。

发明内容

[0006] 本发明要解决的技术问题是提供一种能够很快再次使用的液体探测器和液体探测器组合。

[0007] 为解决上述技术问题,本发明的液体探测器包括第一电极、第二电极和电绝缘部件,第一电极和第二电极设置在该电绝缘部件上,所述电绝缘部件不透水。该探测器还包括用于接纳液体的容器,第一电极和第二电极被设计成有一定的间隔,当有足够电导性液体进入容器中时在两者之间形成电连接。

[0008] 本发明还提供一种液体探测器组合,其由多个上述液体探测器构成。

附图说明

[0009] 下面结合附图对本发明的实施方式和各种可能的改型作出进一步说明:

图1示出本发明第一种实施方式的液体探测器的截面图。

图2示出本发明第二种实施方式的液体探测器的截面图。

图3示出本发明由上述两种实施方式的液体探测器组合成的液体探测器组合。

图4示出了由图3中的液体探测器组合和监控器构成的液体检测装置。

[0010] 需要说明的是,上述附图仅仅是示意性的,并不代表比例关系,尤其在图1至图3中的垂直尺寸已被放大以便清楚显示液体探测器中第一和第二电极彼此之间的位置和结构。

具体实施方式

[0011] 图1示出本发明第一种实施方式的液体探测器。该探测器100包括由电绝缘且不透水材料制成的层状支持物1。在支持物1中有盲孔以形成容纳液体的容器4。盲孔的深度低于支持物1的厚度。第一电极2设置在容器4的底部,第二电极3设置在容器4的侧壁5的上半部分。

[0012] 当容器4中没有液体时,由于第一电极2与第二电极3相间隔地设置在不透水电绝缘层状支持物1上的容器4的壁上,因此两者之间是电绝缘的。当容器4中有导电性的液体时,两电极之间形成电连接,因而当该探测器与监控器相连接时,在电极之间形成可检测的电流,引起报警。

[0013] 为了在报警后,探测器能够再次使用以检测液体,则需要将容器4中的液体清除。容器4在图1中是圆柱形盲孔,但也可以是其他形状,例如易于擦除水分的凹陷孔等。

[0014] 在图1中,第一电极2的接线端6位于支持物1的底侧,但还可将第一电极2的接线端设置在支持物1的顶侧(图1中未示出)。

[0015] 图2显示本发明第二种实施方式的液体探测器。该探测器200与第一种实施方式的探测器的区别在于其接纳液体的容器40是由贯通支持物1的通孔和封住该通孔下端、成为第一电极20的金属层形成。通孔的侧壁成为容器40的侧壁50。

[0016] 图3显示本发明的液体探测器组合300。其由多个形成于单一层状支持物1上的探测器组合而成,其中每个探测器可以是上述第一种实施方式的探测器100或第二种实施方式的探测器200,这些探测器100、200可排列成矩阵形式。在图3中显示液体探测器组合300如果与监控器通过电连接方式连接则构成液体检测装置。通过这种布置,可以检测某一位置的多个渗漏点。此外,人在上面行走也不会造成损坏。

[0017] 有时,不仅需要液体检测装置检测到液体是否存在,而且需要检测到液体存在于何处。这可以通过图4所示的监控器400与探测器组合300上第一电极和第二电极的连接方式来实现。探测器组合300的第一电极2,20以行的形式排列,各行中的第一电极2,20相互连接,并具有各自的共用接线端,各个共用接线端再经过各自的电导体y1、y2、y3、y4连接到监控器400。探测器组合300的第二电极3以列的形式布置,各列中的第二电极3相互连接,并具有各自的共用接线端,各个共用接线端再经过各自的电导体x1、x2、x3连接到监控器400。虚线代表支持物1的底侧的电连接。

[0018] 监控器400可检测到哪一行和哪一列形成电流,从而得知哪一个液体探测器中有电流。

[0019] 如果不需要精确知道哪一处有液体渗漏,则所有的第一电极2,20可以连接在一起,具有一个共用的接线端,且所有第二电极3可连接在一起,具有另一个共用的接线端。此时,仅需要将第一电极2,20的共用接线端通过一个电导体与监控器400相连接以及将第二电极3的另一个共用接线端通过另一个电导体与监控器400相连接即可。

[0020] 第一电极2,20和第二电极3及其之间连线和共用接线端(甚至包括电导体y1、y2、y3、y4和x1、x2、x3在内)可通过合适方式形成于支持物1上,例如印制、蚀刻和胶合等。

[0021] 本发明所有实施方式中的支持物1可以是刚性的,也可以是弹性的。如果是弹性层状支持物1,则可以卷起来便于收藏。

说 明 书 附 图

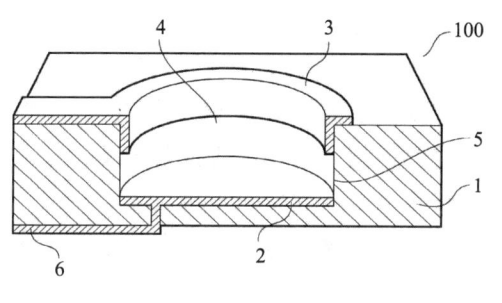

图 1

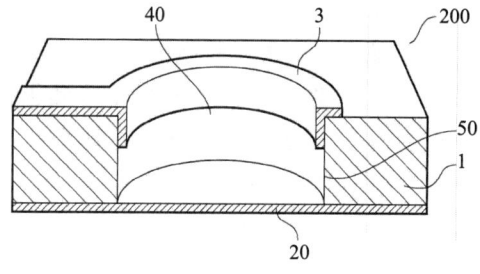

图 2

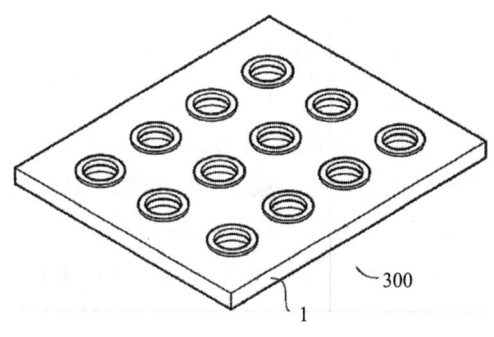

图 3

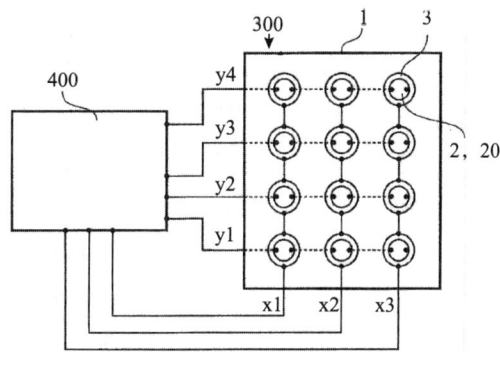

图 4

第一次审查意见通知书

本发明专利申请涉及一种液体探测器及其组合，现提出如下审查意见。本通知书引用了在本专利申请日之前公开的现有技术：对比文件1和对比文件2。

1. 权利要求1不具备新颖性

权利要求1要求保护一种液体探测器。对比文件1（参见对比文件1第［004］段、第［006］段及图1）公开了一种水位检测器（属于液体探测器的一种），包括底端电极11（相当于权利要求1中的第一电极），侧壁电极12a、12b、12c（相当于权利要求1中的第二电极）以及由玻璃或塑料制成的圆柱形杯体10（相当于权利要求1中的不透水电绝缘部件和由该电绝缘部件形成的接纳液体的容器），底端电极11设置在杯体平底内侧，侧壁电极12a、12b、12c从侧壁内侧顶端向下延伸（即权利要求1中的第一电极和第二电极设置在电绝缘部件上），降雨时，杯体10中水量达到侧壁电极12a、12b、12c的下端，则与底端电极11之间形成电流（即权利要求1中的第一和第二电极被设计成当容器中有足够导电液体时在两者之间形成电连接）。由此可知，对比文件1已公开了权利要求1的全部技术特征，且对比文件1公开的技术方案与权利要求1要求保护的技术方案属于同一技术领域，解决相同的技术问题，并产生相同的技术效果，因此权利要求1相对于对比文件1不符合《专利法》第二十二条第二款关于新颖性的规定。

此外，权利要求1相对于对比文件2也不具备新颖性。对比文件2（参见对比文件2第［004］段至第［006］段及图1和2）公开的检测器包括电绝缘不透水部件1（相当于权利要求1中的不透水电绝缘部件），位于其上的一系列可形成积水的凹陷2（相当于权利要求1中由电绝缘部件形成的接受液体的容器），由电绝缘纤维制成、贴合于部件1上的吸水性垫席以及第一组电导体4a、4b、4c、4d（相当于权利要求1中的第二电极）和第二组电导体5a、5b、5c（相当于权利要求1中的第一电极）。两组导电体分别布置在垫席3的顶侧端和底侧，即布置在电绝缘、不透水部件1上。因此，对比文件2也公开了权利要求1的全部技术特征，且对比文件1公开的技术方案与权利要求1要求保护的技术方案属于同一技术领域，解决相同的技术问题，并产生相同的技术效果，因此权利要求1不符合《专利法》第二十二条第二款关于新颖性的规定。

2. 权利要求2和3不具备新颖性

权利要求2进一步限定了两个电极之间的相对位置关系，权利要求3限定容器为盲孔。对比文件1也公开了这种电极布置方式（对比文件1中的电极11和12）；从对比文件1的图1可以明显看出杯状体10是由玻璃或塑料这种单一电绝缘材料形成的，因此杯状体10也可视为在电绝缘部件上形成的盲孔。由此可知，对比文件1也公开了权利要求2和3的附加技术特征。在权利要求1相对于对比文件1不具备新颖性的基础上，权利要求2和3相对于对比文件1也不具备新颖性。

3. 权利要求5不具备新颖性或创造性

对比文件2公开的液体检测装置实际上就是一种多个液体检测器的组合，由第一电极5a、5b、5c，第二电极4a、4b、4c、4d的交叉形成多个凹陷（对比文件2第［004］段至第［006］段及图1）。因此，权利要求5相对于对比文件2不具备新颖性。

同时，权利要求5相对于对比文件1结合本领域公知常识而言不具备创造性。当将对比文件1的水位检测器应用来检测液体渗漏时，为了检测某一位置的多个渗漏点，本领域技术人员就会很容易想到将对比文件1的检测器（即本发明的探测器）设计成多个，排列在一起形成组件。也就是说由单一液体检测器（即液体探测器）排列成多个液体检测器的组合对本领域技术人员来说是显而易见的，不具备创造性。

4. 权利要求6不具备新颖性

在对比文件2公开的多个液体探测器的组合中，每个液体探测器也是单独检测电流的（对比文件2第［005］段、第［006］段及图1），因而公开了权利要求6的附加技术特征。因此，在权利要求5相对于对比文件2不具备新颖性的基础上，权利要求6相对于对比文件2也不具备新颖性。

综上所述，本申请的权利要求1~3、6不具备新颖性，权利要求5不具备新颖性或创造性。申请人应当对本通知书提出的意见予以答复。如果申请人提交修改文本，则申请文件的修改应当符合《专利法》第三十三条的规定，不得超出原说明书和权利要求书所记载的范围。

对比文件1

（19）中华人民共和国国家知识产权局

（12）发明专利申请

（10）申请公开号　CN 101122567 A
（45）申请公布日　2020.04.03

（21）申请号　202010012345.7
（22）申请日　2020.01.01
（73）申请人　乙公司

（其余著录项目略）

说　明　书

水位检测器

［001］本发明涉及一种新型水位检测器，例如用于在气象学中记录特定时间的降水量。

［002］据本发明人所知，此前通过在圆柱杯体中收集雨水以测量其体积。这种测量方法的缺点在于：为获知某一时间段的降水量分布，必须有人经常去读取其体积。

［003］为克服这种缺点，本发明利用了水的导电特性来设计本发明的检测器。

［004］如图1所示，本发明检测器包括由玻璃或塑料制成的圆柱形杯体10。杯体10具有侧壁14和平底13。在杯体的平底13的内侧设置有底端电极11。在侧壁14的内侧设置了从其顶端

向下延伸的侧壁电极12a、12b、12c，这些侧壁电极的下端与平底形成不同的高度。

[005] 在底端电极11和侧壁电极12a、12b、12c之间施加一定的电压。

[006] 降雨时，杯体10中水量达到侧壁电极12a、12b、12c的下端，则与底端电极11之间形成电流，监控器15检测此电流。杯体10中的不同水位被检测后，由计算机进行记录。

[007] 本发明的检测器也可用于气象学之外的领域，如在工业中用于监测导电液体，此时则可通过监控器发出报警。

说 明 书 附 图

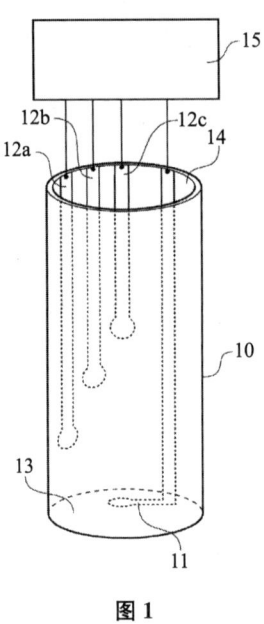

图1

对比文件 2

(19) 中华人民共和国国家知识产权局

(12) 发明专利申请

(10) 申请公开号 CN 103456712 A
(45) 申请公布日 2021.11.30

(21) 申请号 202010345612.6
(22) 申请日 2020.03.30
(73) 申请人 丙公司

(其余著录项目略)

说 明 书

液体渗漏定位检测装置

[001] 本发明涉及一种检测液体渗漏位置的检测装置。

[002] 图1是本发明的检测装置的示意图。

[003] 图2显示该检测装置中的检测器的横截面图。

[004] 如图1所示，检测装置包括检测器和监控器6，该检测器包括刚性、电绝缘、不透水部件1，其上有一系列的凹陷。弹性垫席3由电绝缘纤维制成，贴合于部件1之上，其大小与部件1相同，垫席在与不透水部件1上一系列凹陷对应的位置形成了垫席上的凹陷2。需要说明的是，图1中垫席3与部件1之间显示少许空隙，其仅仅是为了更清楚地显示。第一组平行电导体4a、4b、4c、4d设置在垫席3的顶侧端。第二组电导体5a、5b、5c设置在垫席3的底侧。第二组电导体5a、5b、5c与在顶侧的电导体4a、4b、4c、4d以垂直方向布置。从上面看，第一组和第二组电导体的交叉点与凹陷2的中心相对应。

[005] 图2为显示检测器凹陷2中心处的横截面图，这里也是电导体4c和5b的交叉点。两个交叉点的间距通常为1米。监控器分别与电导体4a、4b、4c、4d和5a、5b、5c连接，从而形成多个监控各凹陷2处的第一电导体和第二电导体是否导通的电路。

[006] 检测器安装在需要检测是否渗漏水的地方，以便渗漏的水能够落到检测器上。当发生渗漏时，渗漏的水需要渗透垫席的一部分纤维，并在一个或多个凹陷2形成积水。此时，形成积水的凹陷2处的第一电导体和第二电导体之间导通并形成电流，监控器6即可检测到电流，从而显示渗漏的地点。

[007] 如果不需要精确检测到渗漏的地点而只需要检测是否渗漏，则不透水电绝缘部件1也可用没有凹陷的平坦防水部件代替。

说 明 书 附 图

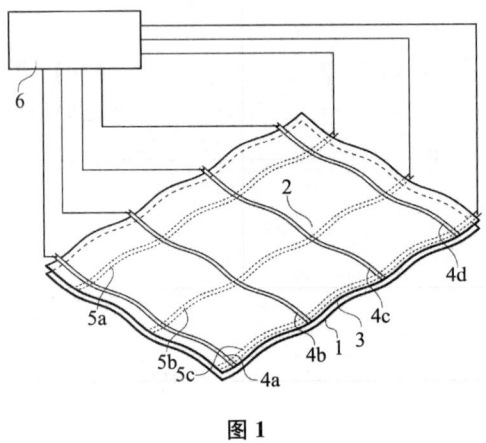

图 1

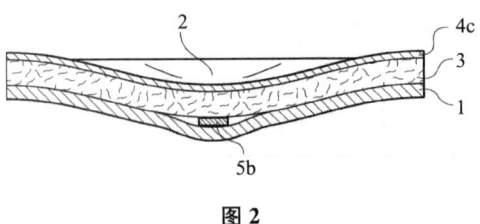

图 2

专利代理师资格考试模拟试题

（第二套）

试题说明

客户 A 公司委托应试者所在的代理机构提出涉案专利无效宣告请求，向你所在代理机构提供了涉案专利（附件1）、对比文件1~2、A 公司技术人员撰写的无效宣告请求书（附件2），以及 A 公司所研发产品的技术交底书（附件3）。

第一题：请应试者具体分析客户所撰写的无效宣告请求书中的各项无效宣告理由是否成立，并将结论和具体理由以信函的形式提交给客户。

第二题：请应试者根据客户提供的材料为客户撰写一份无效宣告请求书，在无效宣告请求书中要明确无效宣告请求的范围、理由和证据，要求以《专利法》及其实施细则中的有关条、款、项作为独立的无效宣告理由提出，并结合给出的材料具体说明。

第三题：请应试者根据技术交底书，综合考虑客户提供的涉案专利和两份对比文件所反映的现有技术，为客户撰写一份发明专利申请的权利要求书。

如果认为应当提出一份专利申请，则应撰写独立权利要求和适当数量的从属权利要求；如果在一份专利申请中包含两项或两项以上的独立权利要求，则应说明这些独立权利要求能够合案申请的理由；如果认为应当提出多份专利申请，则应说明不能合案申请的理由，并针对多份专利申请撰写独立权利要求和适当数量的从属权利要求。

第四题：请说明应试者所撰写的独立权利要求具有新颖性和创造性的理由，如果应试者撰写了多件申请，只陈述第一独立权利要求具有新颖性和创造性的理由。

答题须知

1. 所有试题的正确答案均以现行、有效的法律和法规为准。

2. 作为考试，应试者在完成题目时应当接受并仅限于本试卷所提供的事实，不要补充应试者可能具有的有关该发明主题的任何专门知识。

附件1：涉案专利

（19）中华人民共和国国家知识产权局

（12）实用新型专利

（10）授权公告号　CN 202034567 Y
（45）授权公告日　2021.10.30

（21）申请号　202020012345.8
（22）申请日　2020.07.02
（73）专利权人　甲公司

（其余著录项目略）

权 利 要 求 书

1. 一种发光高尔夫球，其球体由透明材料制备而成，其特征在于：球体具有空腔，所述空腔内容纳发光装置。

2. 根据权利要求1所述的发光高尔夫球体，其特征在于，所述空腔为圆柱形，所述发光装置为圆柱形。

3. 根据权利要求1或2所述的发光高尔夫球体，其特征在于，所述发光装置是电子电路发光灯，其中电子电路含有两个发光二极管、一个电池、一个控制单元和一个碰撞开关。

4. 根据权利要求1或2所述的发光高尔夫球体，其特征在于，所述发光装置是化学发光的圆柱形棒，一部分装有第一液体化学成分，一部分装有第二液体化学成分，两种液体化学成分发生混合进行反应而发光。

5. 根据权利要求1至4任一项所述的发光高尔夫球体，其特征在于，所述化学发光的圆柱形棒为中空结构，且由隔膜分隔成两个部分。

说 明 书

一种发光高尔夫球

技术领域

本实用新型涉及一种可在黑暗或可见度差的条件下使用的高尔夫球。

背景技术

高尔夫球通常实心整体制作，外表呈白色，在日间使用比较显眼，易于看到。但随着生活节奏加快，日间往往没有时间进行运动，因而在夜间打高尔夫球的需求越来越大。对此，有些高尔夫球场采取场地照明的方式。但由于打高尔夫球通常需要较大面积的地面，对其全部照明成本很高。

发明内容

针对上述需求，本实用新型研制出了可发光的高尔夫球，解决光线不足尤其夜间进行高尔夫球运动的需要。

本实用新型提供一种发光高尔夫球，其球体由透明材料制备而成，球体具有空腔，所述空腔内容纳发光装置。

附图说明

图1 本实用新型实施例一的发光高尔夫球剖面图。

图2 本实用新型实施例二圆柱形光源的结构示意图。

具体实施方式

实施例一

如图1所示本实用新型的发光高尔夫球，包括由两个半壳，即第一半壳1和第二半壳2，构成的高尔夫球。第一半壳1和第二半壳2均由透明塑料制成。它们具有半圆形外表面、环形平坦表面和径向的圆柱形空腔。

第一半壳1具有从其平坦表面延伸出来的管状延伸部3。第一半壳1的径向空腔在管状延伸部具有唯一的开口。管状延伸部3在其上具有外螺纹。

第二半壳2的径向空腔在其平坦表面处具有唯一的开口。所述空腔适合于容纳第一半壳1上的管状延伸部3，其内壁具有与管状延伸部3外螺纹配合的内螺纹4，因而通过螺旋将两个半壳固定起来。

当两个半壳被螺旋固定起来时，其中径向空腔形成圆柱形径向孔用以容纳透明的圆柱形光源5。所述圆柱形光源5的长为32mm，直径为8mm。所述径向空腔的尺寸和形状也与圆柱形光源5相适配，以使圆柱形光源5恰好安装在其中。

电子电路发光灯6嵌入圆柱形光源5中，其中电子电路含有两个发光二极管、一个电池、一个控制单元和一个碰撞开关。当高尔夫球被打击时，碰撞开关激活控制单元。激活之后，控制单元使二极管发光数分钟。

为了避免损坏高尔夫球和/或光源，球员应摆好高尔夫球的位置，以便其高尔夫球棍不会打击两个半壳之间的连接处。

实施例二

本实施例的高尔夫球具有与实施例一的高尔夫球类似的整体结构，但其中的圆柱形光源5'为化学发光光源。圆柱形光源中间具有隔膜7而分割开，一边放置第一液体化学成分8，另一边放置第二液体化学成分9。当高尔夫球受到打击时，隔膜破裂，两种液体化学成分发生混合进行反应而发光。该高尔夫球一旦受到打击发光之后，可以发光数小时，但只能激活发光一次。

说 明 书 附 图

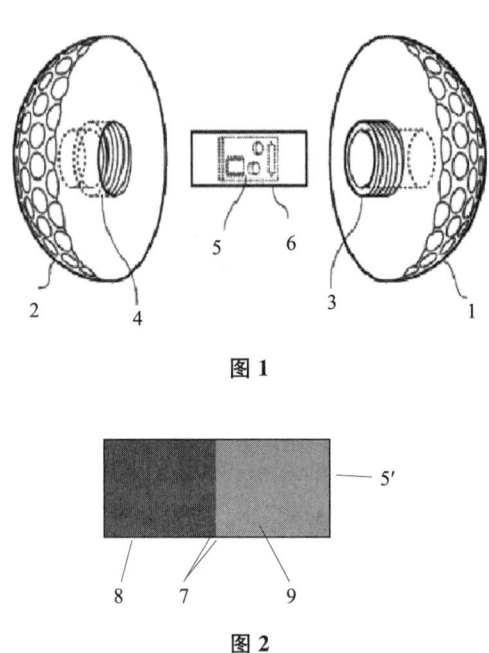

图 1

图 2

附件2：客户技术人员自行撰写的无效宣告请求书

一、权利要求1不具备新颖性

对比文件1公开一种高尔夫球的第一半体和第二半体由透明塑料模制而成，两个半体焊接或黏结起来，使化学发光光棒封闭在高尔夫球的径向孔中。因此，对比文件1公开了权利要求1的全部技术特征，权利要求1相对于对比文件1不具备新颖性。

对比文件2公开一种发光高尔夫球，包括透明的圆形球体，其中具有圆形中空腔，所述空腔中安置透明圆形容器，通过薄隔板5而分成两个室3和4，每个室中装有液体化学发光材料。当高尔夫球被猛裂击中后，薄隔板5破裂，其中的液体化学发光材料混合而发生反应，产生发光。因此，对比文件2公开了权利要求1的全部技术特征，权利要求1相对于对比文件2不具备新颖性。

对比文件3公开一种发光冰球，它包括透明的球体，其中具有一空腔。所述空腔中安置透明容器。所述透明容器含有第一液体化学发光成分和含有第二液体化学发光成分的胶囊。可见，对比文件3也公开了权利要求1的技术方案，权利要求1相对于对比文件3也不具备新颖性。

二、权利要求2不具备新颖性

对比文件1公开了权利要求2的附加技术特征，因此权利要求2相对于对比文件1也不具备新颖性。

基于对比文件2中的圆形中空腔，本领域技术人员很容易将其改变为圆柱形，相应地将透明圆形容器改为圆柱形。因此，权利要求2相对于对比文件2来说也不具备新颖性。

三、权利要求3不具备创造性

权利要求3与对比文件1的区别在于：发光装置是电子电路发光灯，其中电子电路含有两个发光二极管、一个电池、一个控制单元和一个碰撞开关。对比文件3中公开的发光冰球中，其替换方式也是一种撞击发光的灯，所述灯与电子电路相连接，电路含有两个发光二极管、电池、控制单元和振动控制开关。当冰球被打击时，振动控制开关激活控制单元，使得二极管发光。可见，该区别技术特征已被对比文件3所公开，并且起到相同的作用。本领域技术人员能够想到，将对比文件3撞击发光的灯运用到对比文件1的技术方案中而获得权利要求3的技术方案，其效果也是可以预期的。因此，权利要求3相对于对比文件1和对比文件3的结合不具备突出的实质性特点，因而不具备创造性。

四、其他问题

（1）权利要求1中限定球体由透明材料制备而成，其包括了材料特征，不属于实用新型保护的客体，不符合《专利法》第二条第三款的规定。

（2）权利要求5引用权利要求1至4，但圆柱形光棒并没有在权利要求1至3中出现过，因此权利要求5引用权利要求1至3时导致保护范围不清楚，不符合《专利法》第二十六条第四款的规定。

（3）权利要求4引用了权利要求1至3，但权利要求3本身是多项从属权利要求，因此权利要求4不符合《专利法实施细则》第二十二条第一款的规定。同样的理由，权利要求5引用权利要求1至4，而权利要求3和4本身是多项从属权利要求，因此权利要求5也不符合《专利法实施细则》第二十二条第一条的规定。

（4）由于权利要求1和2不具备新颖性，权利要求3和4分别涉及不同的发光原理的光源，因此两者不符合《专利法》第三十一条第一款关于单一性的相关规定。

因此，请求宣告专利权全部无效。

对比文件1

(19) 中华人民共和国国家知识产权局

(12) 实用新型专利

(10) 授权公告号　CN 203456789 Y
(45) 授权公告日　2019.01.30

(21) 申请号　202020002345.7
(22) 申请日　2018.07.06
(73) 专利权人　乙公司

（其余著录项目略）

说　明　书

内置化学发光光棒的高尔夫球

本实用新型的发光高尔夫球包括内置的化学发光光棒，可在黑暗条件下使用。

图1显示本实用新型的发光高尔夫球分解图。

高尔夫球的第一半体1和第二半体2由透明塑料模制而成。每一个半体具有一个孔。化学发光光棒3置于第一半体1中，如图1所示的横截面。第二半体2然后盖上以使其孔容纳由第一半体1伸出来的化学发光光棒3。最后，两个半体焊接或粘结起来，使化学发光光棒3封闭在高尔夫球的径向孔中。

化学发光光棒3包括两端封闭的圆柱形管。所述圆柱形管由弹性透明材料制成。所述圆柱形管中含有第一液体化学发光成分和胶囊4。胶囊4含有第二液体化学发光成分。当化学发光光棒3受到碰撞，其内的胶囊4发生破裂，因而第一和第二化学发光成分混合而发生反应，并开始发光。

另外，可以在所述圆柱形管中设计隔膜分成两个空间，一个空间装有第一液体化学成分，一个空间装有第二液体化学成分，当隔膜被震破时，两种液体化学成分发生混合进行反应而发光。

因此，本实用新型的高尔夫球在被使用者打击时，化学发光光棒3受到冲击而激活发光。通常，其可以保持发光最长至5小时，但仅可激活一次。

说 明 书 附 图

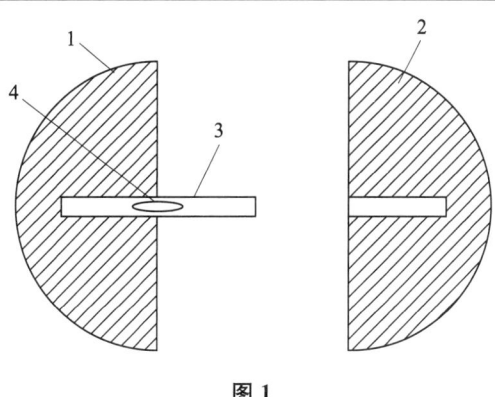

图1

对比文件2

(19) 中华人民共和国国家知识产权局

(12) 发明专利

(10) 授权公告号　CN 204567890 Y
(45) 授权公告日　2020.07.20

(21) 申请号　202020223456.0
(22) 申请日　2020.01.02
(73) 专利权人　丙公司

(其余著录项目略)

说 明 书

本实用新型提供一种发光高尔夫球。这种高尔夫球如图1所示。它包括透明的圆形球体1，其中具有圆形空腔。所述空腔中安置透明圆形容器2。所述容器通过薄隔板5而分成两个室3和4。每个室中装有液体化学发光材料。当高尔夫球被猛烈击中后，薄隔板5破裂，其中的液体化学发光材料混合而发生反应，产生发光，可长至5小时。

这种高尔夫球可以适用于黑暗条件的高尔夫球运动，因为被打击激活后，在黑暗中也能清晰看见发光的高尔夫球。由于这种发光高尔夫球与通常的高尔夫球具有相似的机械性能，因此具有相似的射程。

说 明 书 附 图

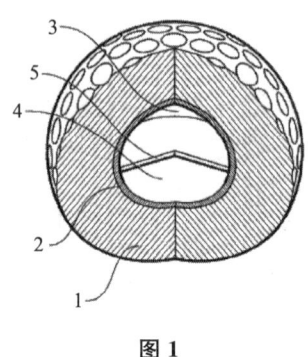

图1

对比文件3

(19) 中华人民共和国国家知识产权局

(12) 实用新型专利

(10) 授权公告号　CN 104536789 Y
(45) 授权公告日　2011.08.23

(21) 申请号　20112000345.2
(22) 申请日　2011.02.03
(73) 专利权人　丁公司

（其余著录项目略）

说 明 书

本实用新型提供一种发光冰球。这种冰球如图1所示。它包括透明的球体1,其中具有一空腔。所述空腔中安置透明容器2。如图2所示,透明容器2含有第一液体化学发光成分和胶囊3。胶囊含有第二液体化学发光成分。当冰球受到碰撞时,其内的胶囊发生破裂,因而第一和第二液体化学发光成分因而混合而发生反应,并开始发光。

作为一种替换方式,在上述空腔中安放的是撞击发光的灯,所述灯与电子电路相连接,电路含有两个发光二极管、电池、控制单元和振动控制开关。当冰球被打击时,振动控制开关激活控制单元,使得二极管发光。

说 明 书 附 图

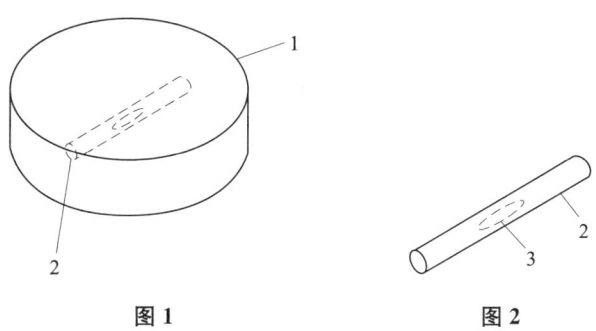

图1　　　　　图2

附件3：A公司所研发产品的技术交底书

现有的发光高尔夫球，要么存在只能激活发光一次，不能重复使用，导致成本高的问题；要么存在制备难度大、设备要求高等问题。因此，本公司针对现有技术的问题，研制了可多次激活，且易于制备的发光高尔夫球。

目前研制了两种类型的高尔夫球。

第一种类型如图1所示。它包括透明塑料高尔夫球1，嵌入有电子电路发光灯。所述电路包括两个发光二极管（第一发光二极管3和第二发光二极管4，分别对称位于电池两侧）、电池5和弹簧触点6。高尔夫球1具有径向孔7以容纳和保持非导电针2。

当径向孔7中没有插入非导电针2时，弹簧触点6接触电池5而使电路处于连接状态，高尔夫球发光。为了减少径向孔7空隙对高尔夫球在运动过程中机械性能的影响，径向孔7必须具有非常小的直径，最大直径是1.5mm。

当使用者不想让高尔夫球发光时，可将非导电针2插入径向孔7中，使电子电路发光灯的电路断开而不发光。具体是，弹簧触点6被非导电针2向上顶开，而不再与电池5接触。此时电路被断开，高尔夫球不再发光。为了方便取出非导电针2，当插入径向孔7中时，非导电针2需要部分突出在球体的外面。因此，当非导电针2插入高尔夫球中时，不宜使用。

第二种类型如图2和3所示。高尔夫球包括两个主要部分，即高尔夫圆形球体1和发光棒8形式的化学发光光源。高尔夫球体1由透明材料制备。高尔夫球体1具有圆柱形孔9。所述圆柱形孔9纵向轴沿高尔夫球体1的直径延伸形成圆柱形孔。所述圆柱形孔9可通过各种途径如钻孔或制备高尔夫球体时采用模具来形成。圆柱形孔9在高尔夫球体1外表面具有开口10，以便发光棒8能够通过开口10而插入和取出。

发光棒8是两端封闭的管子，所述管子由弹性透明塑料材料制成。所述管子含有第一种液体化学发光成分和胶囊11。所述胶囊11含有第二种液体化学发光成分。在胶囊11破裂时，两种液体化学发光成分混合发生反应而使发光棒8发光。

在组装高尔夫球之前，发光棒8可以通过弯曲来激活（就像一般的荧光棒一样）。可选择地，发光棒8在装入高尔夫球体1之后，通过高尔夫球棒打击来激活。

发光棒8的直径稍比圆柱形孔9的直径大。当通过开口10将发光棒8装入圆柱形孔9中时，发光棒8通过挤压圆柱形孔9的壁而保持在圆柱形孔9内。圆柱形孔9是圆柱形的，发光棒8也呈圆柱形。可选择地，径向的圆柱形孔9可包含锥形部分（图中未示出），以便实现压紧配合。这两种情况下，圆柱形孔9都是为了便于装入和取出发光棒8。可以通过从圆柱形孔9的相对开口那一端反推发光棒8，从而将发光棒8从高尔夫球体1中取出，便于更换发光棒8。

由于圆柱形孔9和发光棒8的形状相应，本发明的高尔夫球具有与常规高尔夫球基本上相同的物理性能。此外，发光棒8也可以制备成如实施例一那样的电子电路发光灯形式的圆柱形发光装置，只不过更加小型化而适合于插入圆柱形孔中，且在不插入圆柱形孔中时处于电路不连接状态，只有插入圆柱形孔中时才处于连接状态。

如图4和图5所示，提供一种不同于上述压紧配合的方式以使发光棒1保持在圆柱形孔9中。

高尔夫球体1中设有一个至少沿着圆柱形孔9的一部分延伸的内螺纹12。发光棒8有一个相应的外螺纹13。所述发光棒8在其两端之一有一个啮合结构14，该啮合结构14被设计成与转动该发光棒8的装置相啮合。本实施例中该啮合结构为一个凹槽14，该凹槽14可以与一个螺丝刀或一个铜币相啮合以将发光棒8拧入或拧出。于是，该发光棒8可以通过开口10拧入圆柱形孔9中或从圆柱形孔9拧出。如图5所示，圆柱形孔9是一盲孔。作为一种替换方式，该圆柱形孔9也可以是一个通孔（图中未示出）。

技术交底书的附图

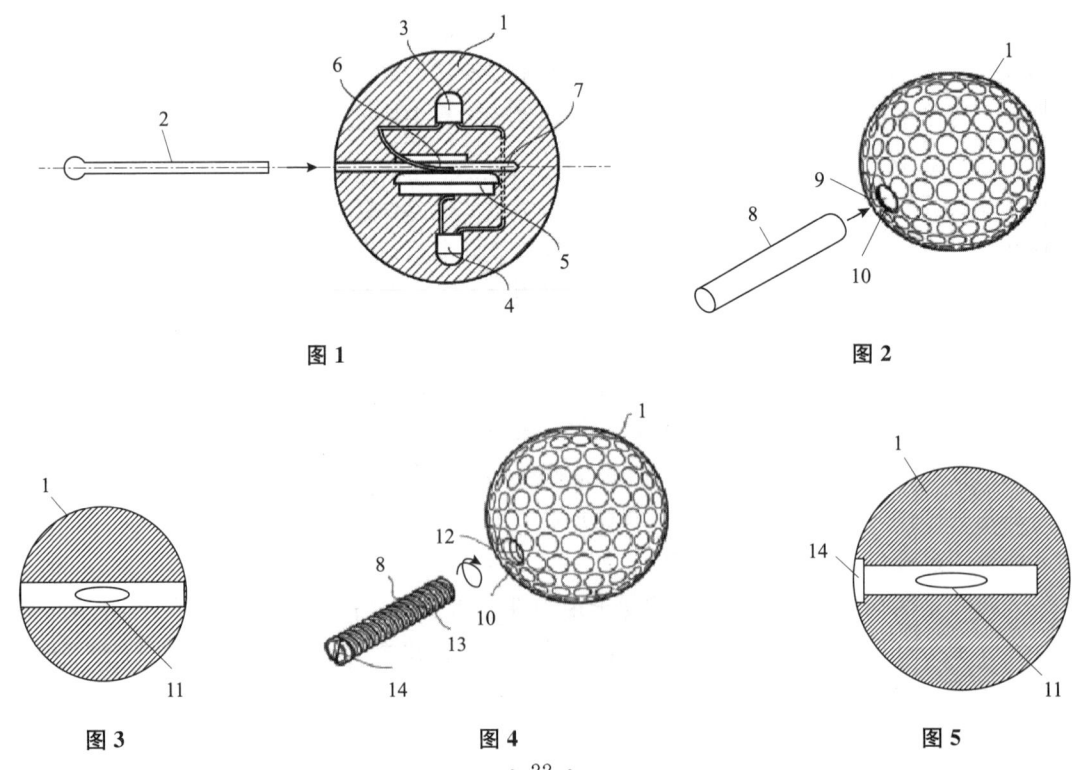

图1　　　　　　　　　图2

图3　　　　图4　　　　图5

专利代理师资格考试模拟试题

（第三套）

试题说明

第一题（75分）

无效宣告请求人乙公司针对甲公司拥有的实用新型专利201029012345.8（附件1）向国家知识产权局提出无效宣告请求，请求该专利全部无效。乙公司向国家知识产权局提交了无效宣告请求书（附件2）及所使用的证据对比文件1~3。请应试者以专利权人的代理人的身份完成下述工作：

1. 针对无效宣告请求撰写一份正式提交国家知识产权局的意见陈述书正文；
2. 必要时，修改权利要求书。

第二题（75分）

假设以该实用新型专利文件说明书的内容作为申请人提供的技术交底书，在不考虑无效宣告请求人提供的对比文件1~2的情况下，重新为申请人撰写一份合适的发明专利申请的权利要求书。

如果撰写的权利要求书包括多个独立权利要求，则简要论述具备单一性的理由；如果认为需要提交另一份或多份申请来保护进一步的发明，请说明理由，并针对另行提交的专利申请撰写权利要求书。

答题须知

1. 所有试题的正确答案均以现行、有效的法律和法规为准。
2. 作为考试，应试者在完成题目时应当接受并仅限于本试卷所提供的事实，不要补充应试者可能具有的有关该发明主题的任何专门知识。

附件1：无效宣告请求所针对的专利

(19) 中华人民共和国国家知识产权局

(12) 实用新型专利

(10) 授权公告号 CN 201234567 Y
(45) 授权公告日 2021.01.25

(21) 申请号 202029012345.8
(22) 申请日 2020.07.02
(73) 专利权人 甲公司

（其余著录项目略）

权利要求书

1. 一种乒乓球捡拾器，包括手柄（1）和集球筒（2），手柄（1）与集球筒（2）相连接，其特征在于：集球筒（2）的收集端（22）开口表面固定有多条平行的弹力绳（4），且每两条相邻弹力绳（4）的间距小于乒乓球外径；或者集球筒（2）的收集端（22）开口表面上设置了由两组垂直相交且各自相互平行的弹力绳织成的网格孔大小略小于乒乓球外径的网格。

2. 如权利要求1所述的乒乓球捡拾器，其特征在于：所述手柄（1）为两端敞开的中空杆，手柄（1）的内径略大于乒乓球外径，所述手柄（1）与集球筒（2）活动连接，并使两者的内腔相连通。

3. 一种乒乓球捡拾器，包括手柄（1″）和集球筒（2″），其特征在于：所述手柄（1″）为两端敞开的中空杆，手柄（1″）的内径略大于乒乓球外径，所述集球筒（2″）的顶部具有连接端（21″），以该连接端（21″）与手柄（1″）活动连接，并使手柄（1″）的内腔和集球筒（2″）的内腔相连通。

4. 如权利要求3所述的乒乓球捡拾器，其特征在于：所述集球筒（2″）的收集端（22″）上设有一块尺寸与该收集端（22″）开口表面相配的弹性橡胶片（5″）。

5. 如权利要求3所述的乒乓球捡拾器，其特征在于：所述弹性橡胶片（5″）上开有一个直径小于乒乓球外径的圆形收集口（51″）。

6. 如权利要求5所述的乒乓球捡拾器，其特征在于：所述弹性橡胶片也可以是弹性薄钢片。

说 明 书

乒乓球捡拾器

技术领域

[0001] 本实用新型涉及一种球形物品的捡拾器，尤其涉及一种乒乓球捡拾器。

背景技术

[0002] 乒乓球是中国最常见、参与人数最多的运动之一。不同年龄、不同性别的人都参与其中。但是，在玩乒乓球时，乒乓球会滚落到地上，需要弯腰捡拾。弯腰捡拾一方面针对女性来说不方便，可能造成尴尬；另一方面对于身体有损伤，频繁弯腰会造成腰肌劳损等。另外，如果乒乓球掉落在乒乓球桌下面或者角落等地方，捡拾乒乓球更不方便。

[0003] 已知有一些乒乓球捡拾器。CN 2133336 Y号中国实用新型专利提供一种乒乓球收球机，它利用落地主轮12经传动链带动或由马达17经皮带传动带动扇叶14转动，使推行中揽入机壳11下的乒乓球经斜面板15抛入机壳后的抽屉式盛球盒19中（参见作为现有技术的附图5）。CN 2130563 Y号中国实用新型专利公开了一种乒乓球捡集器，包括握柄、连接架、两工作轮、连接两工作轮的连轴、位于连轴上的叶片和集球袋，使用时，抓着握柄，两工作轮沿地面前行时，连轴上的叶片将捡集器口前的球自动收集到集球袋中。

发明内容

[0004] 本实用新型要解决的技术问题就在于提供一种不用弯腰、操作方便且结构简单的乒乓球捡拾器。

[0005] 为解决上述技术问题，本实用新型的乒乓球捡拾器包括手柄和集球筒，手柄与集球筒相连接；集球筒的收集端开口表面固定有多条平行的弹力绳，且每两条相邻弹力绳的间距小于乒乓球外径，或者集球筒的收集端开口表面上设置了，由两组大体垂直相交且各自相互平行的弹力绳织成的网格孔大小略小于乒乓球外径的网格。收集时，使用者把集球筒的收集端开口处罩在乒乓球表面，然后下压便把乒乓球挤入集球筒内实现收集。

[0006] 作为优选方案，手柄为两端敞开的中空杆，手柄的内径略大于乒乓球的外径，手柄与集球筒活动连接（最好通过螺纹连接），并使两者的内腔相连通。

[0007] 作为本实用新型的另一种方式，乒乓球捡拾器包括手柄和集球筒，手柄为两端敞开的中空杆，手柄的内径略大于乒乓球外径，集球筒顶部具有连接端，该连接端与手柄活动连接，并使手柄和集球筒的内腔相连通，收集筒的收集端上设有一块尺寸与收集端的开口表面相配的弹性橡胶片或弹性薄钢片，弹性橡胶片上或弹性薄钢片开有一个直径略小于乒乓球外径的收集口。

[0008] 本实用新型上述不同结构乒乓球捡拾器的共同点在于：设置在收集端开口表面处的弹性材料部件上具有的空隙略小于乒乓球外径，通过挤压就能将球压入集球筒。

[0009] 与现有技术相比，本实用新型的优点在于：捡拾乒乓球时，乒乓球可以通过收集口压入集球筒，免去了弯腰捡拾乒乓球的尴尬和麻烦，本实用新型结构新颖，方便实用。

附图说明

[0010] 图1为本实用新型第一种实施方式的结构示意图；

[0011] 图 2 为本实用新型第二种实施方式的结构示意图;

[0012] 图 3 为本实用新型第三种实施方式的结构示意图;

[0013] 图 4 为图 3 中手柄与集球筒拆开后的结构示意图;

[0014] 图 5 为现有技术 CN 2133336 Y 号中国实用新型专利披露的乒乓球收球机。

具体实施方式

[0015] 下面将结合附图对本实用新型作进一步说明。

[0016] 图 1 所示,本实用新型第一种实施方式的乒乓球捡拾器包括手柄 1 和圆台形集球筒 2,圆台形集球筒 2 的大圆开口为收集端 22,小圆开口为连接端 21,手柄 1 与集球筒 2 的连接端连接。手柄 1 为中空结构,其上端设有螺旋上盖 3,且手柄 1 的内径大于乒乓球外径;在集球筒 2 收集端 22 的大圆开口表面固定有多条平行弹力绳 4,且每两条相邻弹力绳 4 的间距小于乒乓球外径。在集球筒 2 连接端 21 的表面中心处设有圆形开口,开口直径与手柄 1 外径相等,两者可以通过黏接固定,优选采用螺旋连接等活动连接方式。集球筒 2 和手柄 1 可采用透明硬质材料制成。为使该乒乓球捡拾器一次能收集较多的乒乓球,又要使用方便,集球筒 2 收集端直径应当适中,通常为 40~50 厘米,每两条相邻弹力绳 4 的间距为 3.5 厘米。当收集乒乓球时,使用者把集球筒 2 收集端 22 罩在乒乓球表面,然后下压把乒乓球压入集球筒 2 内实现收集;在取球时,使用者打开螺旋上盖 3,然后翻转捡拾器,使手柄 1 的上端垂直朝下,乒乓球从集球筒 2 流经手柄 1 的中空结构从其上端开口处流出。图 1 中所示集球筒为圆台形,但也可以是其他具有水平底面的形状,如长方体形、四棱台形等。

[0017] 如图 2 所示,本实用新型第二种实施方式的乒乓球捡拾器由手柄 1'、集球筒 2'、筒盖 5'和弹性片 6'组成,手柄 1'为硬塑料管,与集球筒 2'连通,中心开有圆形收集口 51'的筒盖 5'安装在集球筒 2'的收集端 22'上,收集口 51'的直径略大于乒乓球的外径。一片硬塑料弹性片 6'的一端固定在筒盖 5'上,另一端伸至收集口 51'中。当收集球时,把集球筒 2'的收集端 22'罩在乒乓球表面,向下压,就可将乒乓球压入收集口 51'中,并借助弹性片 6'将乒乓球阻隔在集球筒 2'中。取球时,可打开筒盖 5',将球放到指定地方。当然也可轴对称或中心对称地设置两个甚至多个弹性片 6',中间留一定的空隙,以便于对准球挤压时能够将球从开口 51'处压入集球筒 2'。图 2 中筒盖 5'上仅开有一个收集口 51',为了一次能收集多个球,可以加大集球筒 2'的收集端 22'的尺寸,在相应加大了尺寸的筒盖 5'上开有多个收集口 51',在每个收集口 51'处至少设置一个弹性片 6'。

[0018] 参见图 3,本实用新型的第三种实施方式包括手柄 1″和集球筒 2″。手柄 1″为两端均敞开的中空杆,手柄 1″的内径略大于乒乓球的外径。集球筒 2″的连接端 21″与手柄 1″通过螺纹活动连接,使手柄 1″与集球筒 21″的内腔相连通。为了便于收集较多的球,集球筒 2″的收集端 22″的直径至少为连接端 21″的两倍,例如为连接端 21″直径的四至五倍,以增加集球筒 2″的容量。集球筒 2″的收集端 22″上设有一块尺寸与收集端 22″相适配的弹性橡胶片(或为弹性薄钢片)5″,弹性橡胶片 5″上开有一个或多个直径小于乒乓球直径的收集口 51″。

[0019] 捡拾乒乓球时,将集球筒 2″罩在乒乓球上,向下压,就可以将乒乓球通过收集口 51″挤压进入集球筒 2″,然后将捡拾器倒立,乒乓球即可通过杆状手柄 1″的开放端落入手中,免去了弯腰捡拾乒乓球的尴尬和麻烦。

[0020] 本实用新型的乒乓球捡拾器不仅可以用于捡拾乒乓球,还可以用于捡拾其他球类,

例如网球等。只要将收集端处相邻的平行弹力线之间的间距或者形成的网格孔，或者收集口的直径制作成相应的合适尺寸即可。

说 明 书 附 图

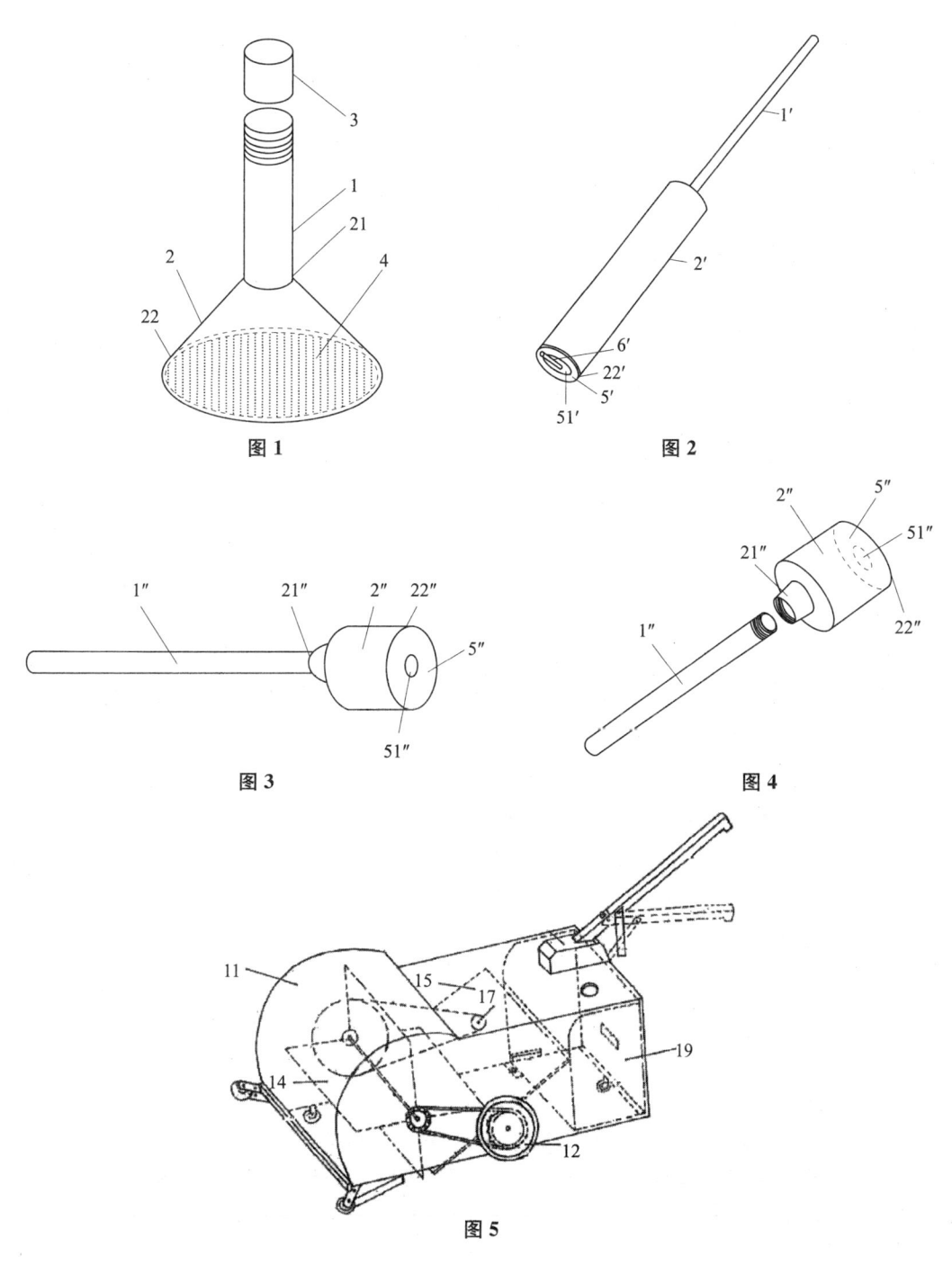

图 1

图 2

图 3

图 4

图 5

附件2：无效宣告请求书正文

国家知识产权局：

根据《专利法》第四十五条及《专利法实施细则》第六十五条的规定，现请求宣告专利号为 ZL 202029012345.8、名称为"乒乓球捡拾器"的实用新型专利全部无效，具体理由如下：

1. 独立权利要求1不具备新颖性

权利要求1要求保护一种乒乓球捡拾器，包括两个并列技术方案。

对比文件1公开了一种乒乓球拾取器，包括收集筒，收集筒的底面上设置多条弹性橡皮绳；多条弹性橡皮绳平行设置且相邻两条弹性橡皮绳的间距小于乒乓球的直径；收集筒上设有手柄（参见该对比文件说明书第［0004］和［0012］段）。由此可见，对比文件1公开了权利要求1中第一个并列技术方案的全部技术特征，因此权利要求1中第一个并列技术方案不具备新颖性，不符合《专利法》第二十二条第二款的规定。

对比文件2公开了一种简易乒乓球捡球器制作方法：将雪碧瓶底部斜着剪去，在靠瓶口颈部一侧开一个比乒乓球大一些的圆门，再将木棒塞入瓶口数厘米作手柄；在剪去底的圆周边缘间隔打若干个小孔，将橡皮筋依次穿入绷紧，使橡皮筋织成网格孔略小于乒乓球的直径的网格。由此可见，对比文件2公开了权利要求1中第二个并列技术方案的全部技术特征，因此权利要求1中第二个并列技术方案也不具备新颖性，不符合《专利法》第二十二条第二款的规定。

此外，对比文件3公开了一种篮球收纳装置，也公开了权利要求1中第二个并列技术方案的全部技术特征，因此该并列技术方案相对于对比文件3也不具备新颖性，不符合《专利法》第二十二条第二款的规定。

2. 权利要求2不具备创造性

权利要求2的附加技术特征是：手柄为两端敞开的中空杆，其内径略大于乒乓球外径，手柄与集球筒活动连接，并使两者内腔相连通。对比文件1中已经公开了乒乓球拾取器的手柄可以是中空的，与收集筒贯通连接，其内径略大于乒乓球直径（参见该对比文件说明书第［0006］段）。对比文件1公开的内容与权利要求2相比，其区别仅在于权利要求2明确手柄与集球筒的连接端为活动连接。但本领域技术人员很容易想到两者采用常规的活动连接以便于拆卸，因而能够容易地将该公知可拆卸的活动连接方式应用到对比文件1公开的乒乓球拾取器中，从而得到权利要求2请求保护的技术方案。因此，权利要求2相对于对比文件1和本领域的公知常识不具备创造性，不符合《专利法》第二十二条第三款的规定。

3. 独立权利要求3不具备创造性

独立权利要求3的技术方案与对比文件1相比，其区别也仅是手柄与集球筒的连接端活动连接，基于上面同样的分析，权利要求3相对于对比文件1和本领域的公知常识也不具备创造性，不符合《专利法》第二十二条第三款的规定。

4. 权利要求1、4至6不符合《专利法》第二十六条第四款的规定

权利要求1中限定"集球筒（2）的收集端（22）开口表面设置了由两组垂直相交且各自相互平行的弹力绳织成的网格孔大小略小于乒乓球外径的网格"，说明书的实施方式部分未对这种

结构的乒乓球捡拾器作出具体说明，也未给出反映这种乒乓球捡拾器具体结构的附图，导致权利要求1中与此结构相应的技术方案得不到说明书的支持，不符合《专利法》第二十六条第四款有关权利要求应当以说明书为依据的规定。

权利要求4和5分别引用权利要求3，但其中限定的特征均不完整，导致这两项权利要求未清楚限定要求专利保护的范围。权利要求4仅限定集球筒的收集端设有一块尺寸与收集端开口表面相配的弹性橡胶片，并未限定该弹性橡胶片上开有收集口，即未清楚写明反映该集球筒所具有的能使待捡拾的乒乓球进入其内腔的结构。而在权利要求5中，在其限定部分作进一步限定的弹性橡胶片在权利要求3中没有出现，即权利要求5对弹性橡胶片的进一步限定没有引用基础，而且其限定部分也没有描述弹性橡胶片与权利要求3中出现的其他部件的关系，因此也未清楚地限定该权利要求5的保护范围。因此，权利要求4和5不符合《专利法》第二十六条第四款有关权利要求应当清楚限定要求专利保护范围的规定。

权利要求6的附加技术特征"所述弹性橡胶片也可以是合适弹性的薄钢片"的撰写不符合《专利法实施细则》和《专利审查指南》中有关从属权利要求的撰写要求，导致权利要求6也未清楚地限定要求专利保护的范围，不符合《专利法》第二十六条第四款的规定。

5. 权利要求3不符合《专利法实施细则》第二十条第二款的规定

独立权利要求3缺少必要技术特征，不符合《专利法实施细则》第二十条第二款的规定。

6. 权利要求3不符合《专利法》第三十一条第一款的规定

独立权利要求3和1之间共同的技术特征是手柄和集球筒。但上述特征均已经在对比文件1中公开而属于现有技术，未对新颖性和创造性作出贡献，不构成"特定技术特征"。因此权利要求3和1缺乏单一性，不符合《专利法》第三十一条第一款的规定。

7. 权利要求4、5、6不属于实用新型专利保护的客体

权利要求4、5、6中分别涉及"弹性橡胶片"和"弹性薄钢片"，这种对材料作出的限定未反映乒乓球捡拾器的形状构造变化，不属于产品的结构特征，因而写入材料选择导致权利要求3和4不属于实用新型专利保护的客体，不符合《专利法》第二条第三款的规定。

综上所述，该专利的权利要求1不符合《专利法》第二十二条第二款的规定、权利要求2和3不符合《专利法》第二十二条第三款的规定、权利要求1以及4至6不符合《专利法》第二十六条第四款的规定、权利要求3不符合《专利法实施细则》第二十条第二款及《专利法》第三十一条第一款的规定、权利要求4至6不符合《专利法》第二条第三款的规定，因此，请求国家知识产权局宣告该实用新型专利全部无效。

请求人　乙公司

对比文件 1

(19) 中华人民共和国国家知识产权局

(12) 实用新型专利

(11) 授权公告号 CN 201311234 Y
(45) 授权公告日 2019.08.02

(22) 申请日 2018.10.08
(21) 申请号 201820161234.4
(73) 专利权人 甲公司

（其余著录项目略）

说 明 书

乒乓球拾取器

技术领域

[0001] 本实用新型涉及一种用来拾取乒乓球的装置。

背景技术

[0002] 乒乓球训练时需要用到很多的球，所以打完后靠人工一个一个拾取来回收乒乓球非常麻烦，劳动强度大，效率低。

实用新型内容

[0003] 为了克服上述缺点，本实用新型的目的在于提供一种乒乓球拾取器，它可快速拾取多个乒乓球，且劳动强度小。

[0004] 为了解决上述问题，本实用新型采用以下技术方案：乒乓球拾取器包括收集筒，所述收集筒的底面上设置多条弹性橡皮绳；多条弹性橡皮绳平行设置且相邻两条弹性橡皮绳的间距小于乒乓球的直径；收集筒上设有手柄。

[0005] 使用时，手持手柄，将收集筒置于乒乓球上方，然后下压，乒乓球就会从弹性橡皮绳之间的间隙进入收集筒内。因为弹性橡皮绳的间距小于乒乓球的直径，所以收集到筒中的球在行走过程中不会掉出。将回收的乒乓球取出时，只需将弹性橡皮绳拉开一定距离，乒乓球就会自动掉出。

[0006] 另外，本实用新型的乒乓球拾取器的手柄可以是中空的，与收集筒贯通连接，且其内径略大于乒乓球直径。因而，收集的乒乓球也可以通过将拾取器倒置从手柄上端倒出。

[0007] 本实用新型的有益效果是：它可快速拾取多个乒乓球，效率高且劳动强度小，使用非常方便，而且结构简单，容易制造。

附图说明

[0008] 下面结合附图和实施方式对本实用新型作进一步说明。

[0009] 图1为本实用新型乒乓球拾取器的主视图；

[0010] 图2为本实用新型乒乓球拾取器的收集筒底面的仰视图；

[0011] 图中：1收集筒，2弹性橡皮绳，3手柄。

具体实施方式

[0012] 如图1、图2所示，该乒乓球拾取器包括收集筒1，所述收集筒的底面上设置多条弹性橡皮绳2；多条弹性橡皮绳平行设置且相邻两条弹性橡皮绳的间距小于乒乓球的直径；收集筒1上设有手柄3。优选手柄3为中空的，与收集筒贯通连接，且其内径略大于乒乓球直径。

[0013] 使用时，手持手柄3，将收集筒1置于乒乓球上方，然后下压，乒乓球就会从弹性橡皮绳2之间的间隙进入收集筒1内。因为弹性橡皮绳的间距小于乒乓球直径，收集到筒中的球就不会再掉出。回收乒乓球时，只需将弹性橡皮绳拉开一定距离，乒乓球就会自动掉出。对于手柄是中空的乒乓球拾取器，还可通过将乒乓球拾取器倒置而从手柄上端将乒乓球倒出。

说 明 书 附 图

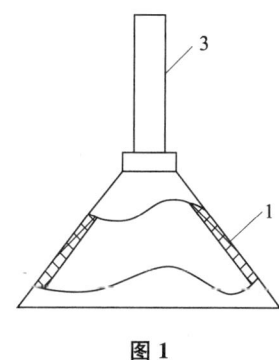 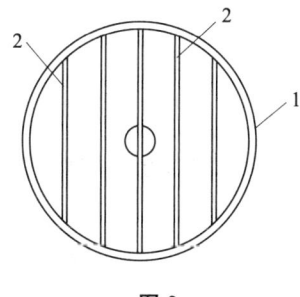

图1　　　　　　　　图2

对比文件 2

中学生教材《手工制作教课书》
版次：2020年7月第1版
印次：2020年7月第一次印刷
第25页相关内容如下：

简易乒乓球捡球器的制作

一、材料

雪碧瓶一只，木棒一根，橡皮筋少许，剪刀、锥子等工具。

二、制作

1. 将雪碧瓶底部斜着剪去，在靠瓶口颈部一侧开一个比乒乓球大一些的圆门。再将木棒塞入瓶口数厘米作手柄。

2. 在剪去底的圆周边缘间隔打若干个小孔，将橡皮筋依次穿入绷紧，使橡皮筋织成网格孔略小于乒乓球直径的网格。这样捡球器就做成了。

三、使用

将捡球器底部网格对准地面的乒乓球一按，球就能顺利进入捡球器内而不落下来。一次可以捡许多个。然后将捡球器斜竖起，让圆门朝下，乒乓球就滚出来了。

对比文件 3

(19) 中华人民共和国国家知识产权局

(12) 实用新型专利

(10) 授权公告号 CN 201234567 Y
(45) 授权公告日 2020.10.08

(21) 申请号 202020652345.9
(22) 申请日 2020.06.08
(73) 专利权人 甲公司 (其余著录项目略)

说 明 书

篮球收纳装置

本实用新型涉及一种球形物品的检拾器，尤其涉及一种篮球收纳装置。

现有的篮球放置需要大型放置框，从设置在其上表面的投入口放入，取出时也从该投入口。这样取放并不方便，尤其对年龄比较小的孩童来说，投放和取出都不方便。

本实用新型的目的是解决上述问题，提供一种方便取放的篮球收纳装置。

图1本实用新型的篮球收纳装置的正面视图。

图2本实用新型的篮球收纳装置的侧面视图。

如图1和图2所示，本实用新型的篮球收纳装置包括收纳主体1，在其一侧开有篮球取放口2。为了避免篮球从投放口2中掉落，在该投放口2设置多条相互构成网格状的弹性绳3。所形成的网格口略小于篮球的尺寸。如此在投入收纳篮球时，只需将篮球轻轻向里挤压。而向外取篮球时，也可以适当拨开弹性绳3，而从一个网格口取出篮球。

为了避免篮球离投放口2过远而无法取出，因此收纳主体1的底面设置成向投放口2倾斜的方式，使得篮球能够滚动到投放口2而方便取放。

说 明 书 附 图

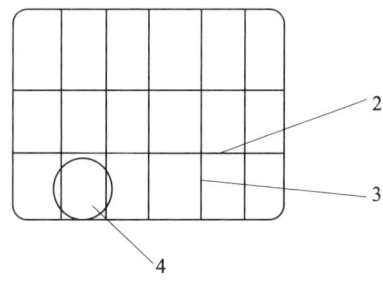

图1

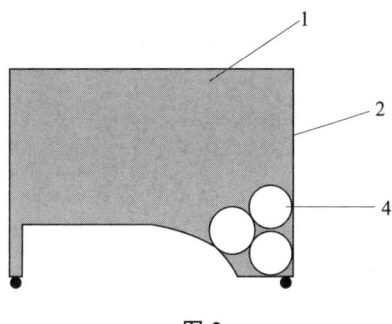

图2

专利代理师资格考试模拟试题

（第四套）

试题说明

客户A公司正在研发一项产品。在研发过程中，A公司发现该产品存在侵犯B公司的实用新型专利的风险。为此，A公司进行了检索并得到对比文件1~3（即附件2至4），拟对B公司的实用新型专利（下称"涉案专利"，即附件1）提出无效宣告请求。在此基础上，A公司向应试者所在代理机构提供了涉案专利、对比文件1~3和涉案专利的优先权在先申请文本的中文译文（附件5），以及A公司所研发产品的技术交底材料（附件6）。

第一题：请应试者根据客户提供的材料为客户撰写一份无效宣告请求书。在无效宣告请求书中要明确无效宣告请求的范围、理由和证据，要求以《专利法》及其实施细则中的有关条、款、项作为独立的无效宣告理由提出，并结合给出的材料具体说明。

第二题：请应试者根据A公司所研发产品的技术交底材料（附件3），综合考虑附件1和对比文件1~3所反映的现有技术，为客户撰写一份发明专利申请的权利要求书。

如果所撰写的权利要求书中包含两项或者两项以上的独立权利要求，请简述这些独立权利要求能够合案申请的理由；如果客户提供的技术内容涉及多项发明，应当以多份申请的方式提出，则请说明理由，并撰写另案申请的权利要求书。

第三题：简述应试者撰写的独立权利要求相对于现有技术具备新颖性和创造性的理由。若有多项独立权利要求，只需论述主要发明的独立权利要求的新颖性和创造性的理由。

答题须知

1. 所有试题的正确答案均以现行、有效的法律和法规为准。

2. 作为考试，应试者在完成题目时应当接受并仅限于本试卷所提供的事实，不要补充应试者可能具有的有关该发明主题的任何专门知识。

附件1：涉案专利

(19) 中华人民共和国国家知识产权局

(12) 实用新型专利

(10) 授权公告号　CN××××××
(45) 授权公告日　2018.05.01

(21) 申请号　201720233646.0
(22) 申请日　2017.10.12
(30) 优先权
(32) 2017.01.11
(33) US××××××
(73) 专利权人　B公司

（其余著录项目略）

权 利 要 求 书

1. 一种水果切分器，包括数块伞状分布的切刀，所述切刀设有刀刃，其特征在于：还包括把手，所述把手的端部连接有数块伞状分布的所述切刀，所述把手包括轴杆和柄把。

2. 根据权利要求1所述的水果切分器，其特征在于：还包括环形切刀，数块伞状分布的所述切刀安装在所述环形切刀的内部。

3. 根据权利要求1或2所述的环形切刀，其特征在于：所述环形切刀采用钛合金材料制成，优选α钛合金。

4. 根据权利要求1所述的水果切分器，其特征在于：在所述柄把上设置有防滑凸起结构。

5. 根据权利要求1~4中任意一项所述的水果切分器，其特征在于：所述轴杆的上端与横置的所述柄把连接，在所述轴杆的下端上设置有孔，在数块伞状分布的所述切刀的中心位置向上设置有凸起部，所述凸起部与所述孔螺纹连接。

说 明 书

水果切分器

本实用新型涉及一种水果切分器，属日常生活用品。

在分切水果时，使用普通切刀，只能一刀一刀地分切，既难以分切均匀，在切水果时还会因为水果用手掌握而不安全。

本实用新型的目的在于提供一种能一次性将水果均匀切分开的水果切分器，使切开的水果更均匀、美观，而且使用安全。当把水果放入底座（如碟子、盘子）平面上，削去果皮之后，将水果切分器罩在水果上，用手拿着水果切分器的把手，然后切下即可。这样切出的水果既美观又规整，很大地改善了传统切水果工具的不足之处。由于刀刃向下，手柄在上端，所以该实用新型也更加安全，实用性更强。

图1为本实用新型的立体结构示意图。

图2为图1中下部结构的立体结构示意图。

图3为图1中把手的立体结构示意图。

如图1至图3所示，水果切分器包括数块伞状分布的切刀3，切刀3的下边沿设有刀刃31；还包括把手，把手的端部连接有数块伞状分布的切刀3。把手竖着设置。把手包括轴杆2和柄把1，在柄把1上设置有防滑凸起结构（图中未显示），轴杆2的上端与横置的柄把1连接，在轴杆2的下端上轴向设置有孔22，在数块伞状分布的切刀3的中心位置向上设置有凸起部21，凸起部21与孔22螺纹连接。清洗水果切分器时，只需要将把手从切刀3上拆卸下来，分别清洗即可，这样设置的好处是方便清洗。而且把手设置成可拆卸的结构，还有一个好处是方便携带。

所述水果切分器还包括环形切刀4，数块伞状分布的切刀3安装在环形切刀4的内部，环形切刀4的下部设置有环形刀刃（未标识）。环形切刀4采用钛合金材料制成，优选α钛合金。

使用时，把水果放入底座（如碟子、盘子）平面上，削去果皮之后，将环形切刀4罩在水果上，用手拿着水果切分器的把手，然后切下即可。这样切出的水果既美观又规整，很大地改善了传统切水果工具的不足之处。由于刀刃31向下，手柄在上端，所以该实用新型也更加安全，实用性更佳。

说 明 书 附 图

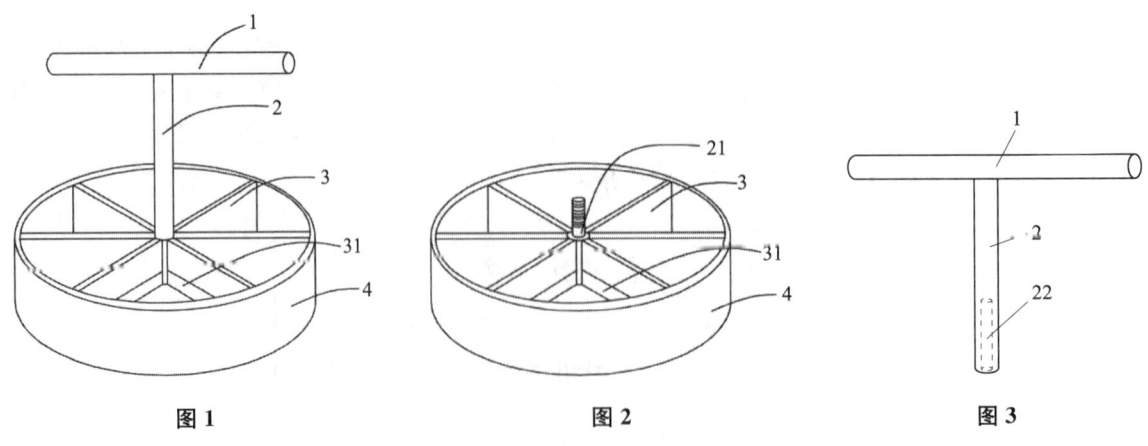

图1　　　　　　　　图2　　　　　　　　图3

附件2：客户提供的对比文件1

(19) 中华人民共和国国家知识产权局

(12) 实用新型专利

(45) 授权公告日 2017.08.22

(21) 申请号 201623126146.3
(22) 申请日 2016.12.23

（其余著录项目略）

说 明 书

一种水果刀

本实用新型涉及家庭日常用品领域，具体地说是一种水果刀。

在一些自助餐店、酒店常常要将水果切成若干块。由于水果用量较大，所以切水果也是一项比较复杂的工作，用通常的水果刀切的话效率较低，并且汁液容易四处飞溅。

本实用新型的目的在于提供一种水果刀，该水果刀具有效率高、防止汁液四处飞溅的特点。

本实用新型解决其技术问题所采取的技术方案是：一种水果刀，包括一数块伞状分布的切刀，切刀的下边沿设有刀刃。还包括环形切刀，数块伞状分布的切刀安装在环形切刀的内部。环形切刀的下部设置有环形刀刃。环形切刀采用钛合金材料制成。

本实用新型的有益效果是：由于切刀设置成伞状分布，使用时数块伞状分布的切刀同时工作，只需一个动作就可以将水果分成数块，大大地提高了效率。而且由于设置了环形切刀，切水果时的汁液被环形切刀挡住，有效地防止了汁液四处飞溅。

图1为本实用新型的立体结构示意图。

参见图1，水果刀包括数块伞状分布的切刀3，切刀3的下边沿设有刀刃31。还包括环形切刀4，数块伞状分布的切刀3安装在环形切刀4的内部。环形切刀4的下部设置有环形刀刃（未标识）。环形切刀4采用钛合金材料制成。

使用时将水果刀罩在水果上，向下按压环形切刀4，数块伞状分布的切刀3同时工作，将水果分成数块，大大地提高了效率。而且切水果时的汁液被环形切刀4挡住，有效地防止了汁液四处飞溅。

说 明 书 附 图

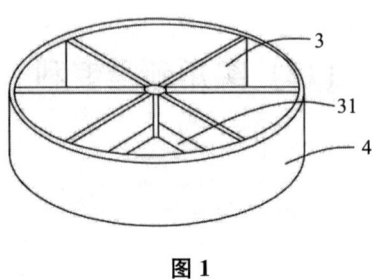

图1

附件3：客户提供的对比文件2

(19) 中华人民共和国国家知识产权局

(12) 实用新型专利

(45) 授权公告日　2017.02.19

(21) 申请号　201620345726.4
(22) 申请日　2016.10.31

（其余著录项目略）

说 明 书

切水果刀

本实用新型涉及一种切削刀具类的技术领域。

目前，公知的水果刀，都没有一次就能把水果分切成几块的功能，不太理想。

为了克服上述不足，本实用新型提供一种切水果刀，就能达到一次把水果分切成几块的目的。

本实用新型解决其技术问题的技术方案是：一种切水果刀，包括数块伞状分布的切刀，切刀的下边沿设有刀刃。还包括把手（图中未标识），把手横着设置。使用时将切水果刀对准水果切下去，就能一次将水果分切成几块。

本实用新型的有益效果是：结构简单、使用方便、切水果效果好。

图1为本实用新型的立体结构示意图。

请参见图1，切水果刀包括数块伞状分布的切刀3，切刀3的下边沿设有刀刃31。还包括把手（图中未标识），把手的端部连接有数块伞状分布的切刀3。把手横着设置。把手包括轴杆2和柄把1，轴杆2的后端与横置的柄把1连接，轴杆2的前端与数块伞状分布的切刀3的中心位置连接。使用时将切水果刀对准水果切下去，就能一次将水果分切成几块。本实用新型的结构简单、使用方便、切水果效果好。

说　明　书　附　图

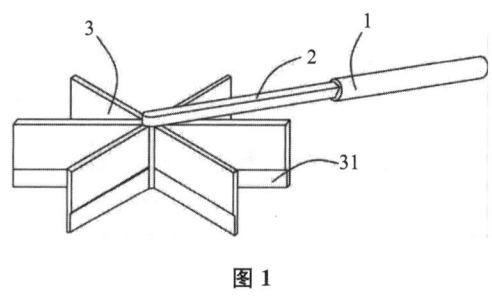

图1

附件4：客户提供的对比文件3

(19) 中华人民共和国国家知识产权局

(12) 实用新型专利

(45) 授权公告日　2013.10.19

(21) 申请号　201220345726.4

(22) 申请日　2012.05.31

（其余著录项目略）

说　明　书

速切水果器

本实用新型涉及一种水果刀，尤其是一种速切水果器。

水果是人们生活中不可或缺的食物，如苹果、橙子、西瓜、梨等，为人体提供水分、维生素等多种营养。很多水果在食用时需要剥皮和分切，特别是在分切时十分费劲，使用不方便。

为了克服上述不足，本实用新型提供一种速切水果器，就能达到一次把水果分切成几块的目的，使用方便。

本实用新型解决其技术问题的技术方案是：一种速切水果器，包括数块伞状分布的切刀，切刀的下边沿设有刀刃；还包括把手（图中未标识），把手竖着设置。使用时将切水果刀对准水果切下去，就能一次将水果分切成几块。

本实用新型的有益效果是：结构简单、使用方便、切水果效果好。

图1为本实用新型的立体结构示意图。

参见图1，速切水果器包括数块伞状分布的切刀3，切刀3的下边沿设有刀刃31。还包括把手（图中未标识），把手竖着设置，把手与切刀3中的刀片（图中未标识）连接。把手包括两个竖杆2和柄把1，在柄把1上设置有防滑凸起结构（图中未示出），可以有效地防止速切水果器从使用者手中脱落，两个竖杆2的上端分别与横置的柄把1的两端连接，两个竖杆2的下端分别与切刀3的其中两块刀片连接。使用时将速切水果器对准水果切下去，就能一次将水果分切成几块。本实用新型的结构简单、使用方便、切水果效果好。

说 明 书 附 图

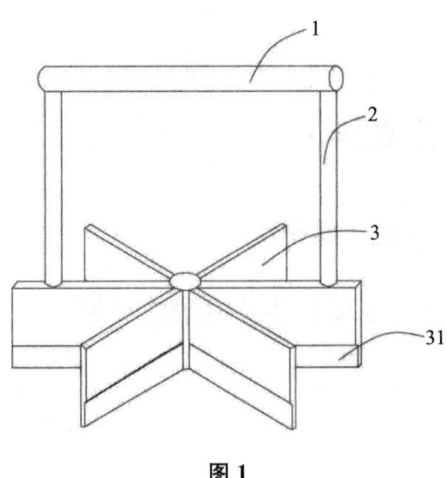

图1

附件5：涉案专利（附件1）的优先权文本的中文译文

说　明　书

水果切分器

本发明涉及一种水果切刀，具体地说是一种水果切分器。

在分切水果时，使用普通切刀，只能一刀一刀地分切，既难以分切均匀，在切水果时，还会因为水果用手掌握而不安全。

本发明提供一种水果切分器，可一次分切为数块均匀的水果片。

本发明包括切刀和柄把，所采用的技术方案在于：在把手的端部连接有数块伞状分布的切刀，把手竖着设置，把手包括轴杆和柄把，轴杆的下端连接有数块伞状分布的切刀，轴杆的上端连接有一个横置的柄把。

本发明的有益效果在于：使用时，可手持把手，将数块切刀对准水果，下按即可将水果一次性分切为均匀大小的多块，快捷方便。

图1为本发明的立体结构示意图。

如图1所示，在把手的端部连接有数块伞状分布的切刀3，把手竖着设置，把手包括轴杆2和柄把1，轴杆2的下端连接有数块伞状分布的切刀3，切刀3的下边沿设有刀刃31，轴杆2的上端连接有一个横置的柄把1。使用时，手持把手，将数块切刀对准水果，下按即可将水果一次性分切为均匀大小的多块，快捷方便。

说　明　书　附　图

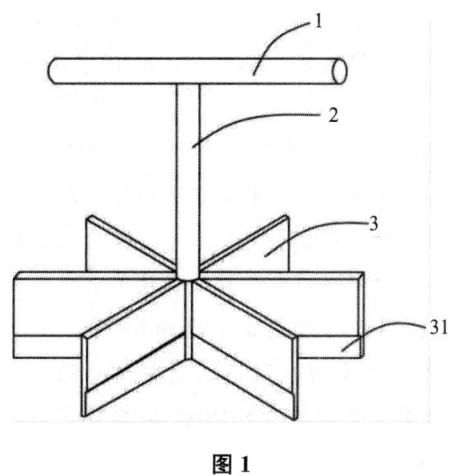

图1

附件6：客户提供的技术交底材料

现有的切水果的刀具虽然可以一次将水果切成多瓣，但是，其结构固定，清洗起来很不方便，且易产生卫生死角，滋生细菌。

在现有技术的基础上，我公司提出一种改进的水果分离器。

如图1所示，一种水果分离器，包括刀筒14和多个可拆卸且可替换的切割刀具11，刀筒14外部设有把手13。切割刀具11包括环形刀片111和若干直形刀片112，直形刀片112环绕设置在该环形刀片111外周面上并呈伞状分布。刀筒14内表面对应设有用于插入并固定若干个直形刀片112的若干个U形凹槽12，U形凹槽12上端开口，下端为封闭盲端。

使用时，首先将刀筒14的U形凹槽12开口端朝上放置，其次将切割刀具11的若干个直形刀片112插入相应的若干个U形凹槽12中，直形刀片112底部接触并固定在封闭盲端上，即将切割刀具11可拆卸地安装在刀筒14的内部。然后将刀筒14的封闭盲端倒置，封闭盲端朝上切割水果，可将水果切分成若干小块，同时环形刀片111还能将果核去除。用完后，将切割刀具11从U形凹槽12中取出，全面彻底地清洗。

如图2和图3所示，水果分离器包括刀筒21和分割刀22，刀筒21的外部设置有把手23。分割刀22包括圆环形刀片221、若干直形刀片222和定位环223，若干直形刀片222环绕设置在该圆环形刀片221外周面上呈伞状分布，直形刀片222的末端与定位环223连接。分割刀22可拆卸地安装在刀筒21的开口端处。刀筒21的开口端处设置有带有内螺纹的装配槽口211，定位环223的外侧壁上设置有与装配槽口211内螺纹相适配的外螺纹。

分割刀22采用螺旋的方式安装在刀筒21的开口端上，采用螺旋的方式安装是为了保证分割刀22在分切水果时，分割刀22不会因水果的夹持力而从刀筒21上脱落，当需要清洗分割刀22时，又能方便地将分割刀22取下。在使用时，将刀筒21套在水果上，按压把手23，即可将水果切分成若干小块，同时圆环形刀片221还能将果核去除。

分割刀22分为有核分割刀和无核分割刀，上述为有核分割刀，用于切分有核的水果。无核分割刀请参见图4，用于切分无核的水果，包括若干直形刀片222和定位环223，若干直形刀片222呈伞状分布并与定位环223的内壁连接。在使用的过程中，根据需要，有核分割刀和无核分割刀择一使用。

为了防止在切水果时汁液四处飞溅，还提供一种水果分离器，如图5所示，包括刀桶34和切割结构，刀桶34的上端开口，切割结构所述切割结构可从所述刀桶34的上端开口插入所述刀桶34内部，并可以在所述刀桶34内部上下移动。切割结构包括数块伞状分布的切刀31、刀柄32和定位环33，刀柄32的端部连接数块切刀31，数块切刀31安装在定位环33的内部。使用时，将水果放置在刀桶34中，切割结构也安装在刀桶34中，向下推动刀柄32，切割结构向下将水果切开，这样可以有效地防止汁液四处飞溅。需要说明的是，上述各实施例中的切割结构和现有技术中的切割结构都可以在本实施例中的刀桶34中使用。

说 明 书 附 图

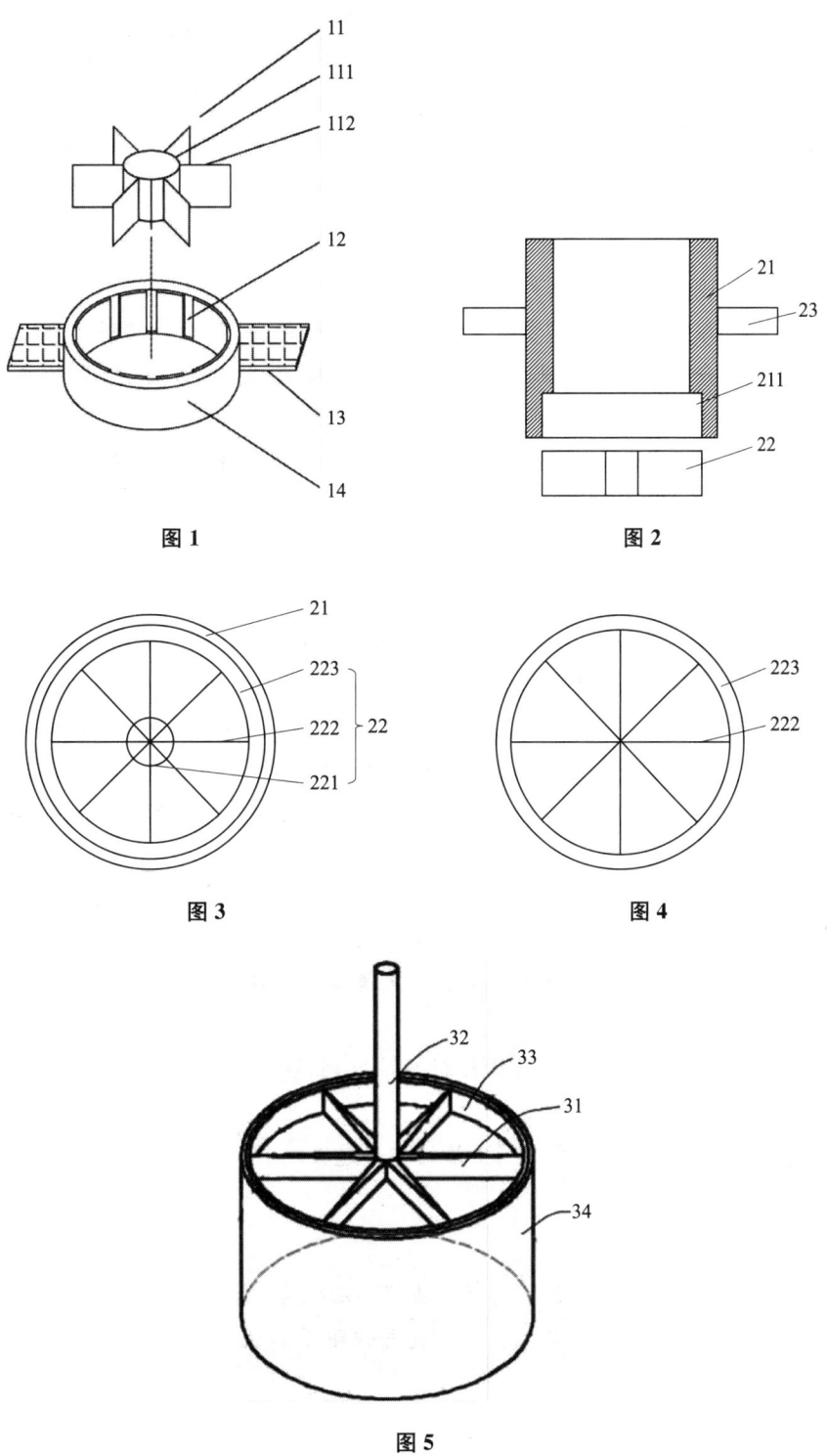

专利代理师资格考试模拟试题

（第五套）

试题说明[1]

客户A公司于2022年8月31日提交发明名称为"一种GCQ型高效磁化除垢器"的发明专利申请，并于2022年9月1日收到国家知识产权局发出的受理通知书，其申请号为202210123456.9。

现客户A公司向应试者所在代理机构提供了上述自行撰写并提交的申请文件的原始说明书（及附图）、权利要求书和说明书摘要（分别见附件1至4）。

第一题：请撰写提交给客户的信函，为客户逐一解释其自行撰写的权利要求书不符合《专利法》及其实施细则的规定之处并简要说明理由。

第二题：请撰写提交给客户的信函，为客户说明其自行撰写的说明书（及说明书附图）和摘要中哪些部分存在不符合规定之处。

客户在接到应试者提供的上述信函之后，拟以该发明专利申请要求优先权，同时提供了两篇专利文献。请应试者所在代理机构办理重新提交专利申请事宜，完成下述工作内容：

第三题：请综合考虑客户提供的两篇专利文献，为客户撰写发明专利申请的权利要求书。

如果认为应当提出一份专利申请，则应撰写独立权利要求和适当数量的从属权利要求；如果在一份专利申请中包含两项或两项以上的独立权利要求，则应说明这些独立权利要求能够合案申请的理由；如果认为应当提出多份专利申请，则应说明不能合案申请的理由，并针对其中的一份专利申请撰写独立权利要求和适当数量的从属权利要求，对于其他专利申请仅需撰写独立权利要求。

第四题：简述撰写的独立权利要求具备新颖性或创造性的理由。如有多项独立权利要求，请分别说明。

第五题：请向客户提出重新提交专利申请的相关建议。

答题须知

1. 所有试题的正确答案均以现行、有效的法律和法规为准。
2. 作为考试，应试者在完成题目时应当接受并仅限于本试卷所提供的事实，并且无须考虑

---

[1] 注：假设本场考试是2022年11月7日进行。

素材的真实性、有效性问题。

3. 应试者应当将各题答案按顺序清楚地撰写在相对应的答题区域内。

附件1：客户自行撰写并提交的原始说明书

说　明　书

一种GCQ型高效磁化除垢器

本发明涉及一种锅炉、茶炉中换热设备的附件。

水垢是锅炉、茶炉等换热设备的大敌。为清除水垢，已采用过许多方法，如化学法、离子交换法、电子除垢法等。最近又出现了利用磁场来处理水垢的方法，例如公告号为CN 2089467Y的中国实用新型专利公开了一种利用磁场来处理水垢的"锅炉防垢装置"。这种防垢装置将两对彼此对置的条形磁块或扇形磁块布置在方形管道或圆形管道的同一截面上，这两对磁块相互垂直。这种布置方式使部分磁力相互抵消，使磁通密度减弱，中心磁通密度更低。此外，对这两对磁块所形成的磁场也未采取任何屏蔽措施，漏磁严重而影响工作人员的健康，磁能损耗大。而且，该防垢装置仅在管道的同一截面上布置了两对磁块，这样管道中流过的水仅受到一次磁化作用，作用时间短，磁化效果差，达不到满意的防垢除垢的目的。

本发明要解决的技术问题在于克服上述已知方法的缺点，提供一种技术先进、效果显著而无副作用的磁化防垢除垢器，不仅能在管道中产生足够的磁通密度，使水很好地磁化，而且结构简单可靠、成本低、无漏磁，不会影响工作人员的身体健康。

本发明的磁化防垢除垢器，包括由非导磁材料制成的管道和分别置于其外表面相对两侧的至少两对永磁磁块。它还包括一个由导磁材料制成的外壳，由非导磁材料制成的所述管道穿过所述外壳并与外壳两端连成一体。所述永磁磁块用铁皮包覆（铁皮两端搭接在一起，最好用铁丝将其捆住）固定在管道上，所述外壳外表面上涂有防护漆。

作为本发明的进一步改进，还可以采用权利要求2限定部分的结构。这样磁块与管壁接触紧密，便于固定，磁力线均匀，中间磁通密度与两边磁通密度一致。

作为本发明的另一种改进，还可以采用瓦形磁块的形式。瓦形磁块中间有聚磁作用，使磁化更为均匀，对水的磁化更有利。尤其是在相邻两对瓦形磁块之间安放铁制垫圈时可避免各对磁块之间相互干扰。

当对本发明再作进一步改进，采用4～5对永磁磁块时，可以使水流过防垢除垢器时多次切割磁力线，从而可使水全部磁化，避免出现死角或部分水未被磁化的现象。

本发明的磁化防垢除垢器结构简单，制造成本低，因其磁路设计独特合理、技术先进，水磁化效果好，不易结垢，防垢除垢能力强。

下面结合附图对本发明磁化防垢除垢器作进一步详细描述。

图Ⅰ是公知磁化防垢除垢器中条形磁块和扇形磁块的排列布置图；

图Ⅱ是本发明磁化防垢除垢器的主视图及沿其A—A线的剖视放大图；

图Ⅲ是本发明磁化防垢除垢器另一种实施方式的主视图和沿其B—B线的剖视放大图。

图Ⅰ所示为前面背景技术部分所提到的中国实用新型专利CN 2089467 Y说明书中所披露的磁化防垢除垢器中磁块的排列布置图。在其左图中方形管道的同一管道截面上布置有两对彼此垂直的条形磁块；在其右图中为圆形管道的同一管道截面上布置有两对彼此垂直的扇形磁块。按照这样的布置方式，相邻的异性磁极会使磁力线短路，从而使管道中央部分的磁通密度大大减弱。

在本发明中，为了保证由不锈钢、塑料或钢等非导磁材料制成的管道的中央部分有足够的磁通密度，使两对磁极之间不发生磁力线短路，如图Ⅱ所示，两对磁块（3、4）不是布置在同一管道截面上，其中一对磁块（4）安放在另一对磁块（3）的下游。图Ⅱ中，管道（1）用于安装成对磁块（3、4）的中间管道段（9）为方形管道。第一对磁块（3）以异性磁极相对的方式布置在该方形中间管道段（9）某一截面的上、下两侧；第二对磁块（4）以同样方式布置在该方形中间管道段（9）中上述截面下游部分的另一截面的左、右两侧，并与第一对磁块（3）紧邻，即第二对磁块（4）的磁场方向与第一对磁块（3）的磁场方向相垂直，且形成的磁场紧接在第一对磁块（3）形成的磁场的下游。为了固定这两对磁块（3、4），分别用铁皮（5）将每对磁块包覆起来固定在管道（1）的方形中间管道段（9）上，可将铁皮两端搭扣在一起，或者用铁丝将其捆住。该铁皮（5）除起固定作用外，还同时起到使磁场均匀、增强中间磁场和一次屏蔽的作用。当采用这样的磁块布置方式和结构时，仍会向管道（1）的四周漏磁。若要保证使用较小的磁块就能产生足够的磁场强度，满足防垢除垢的要求，且不会使漏磁对周围人体造成危害，还必须对此磁化防垢除垢器设置一铁制外壳（2），管道（1）从外壳（2）的两端穿过，并用焊接或其他方法使外壳（2）的两端与管道（1）连成一体。包覆磁块（3、4）的铁皮（5）的外表面与外壳（2）的内壁之间必须留有适当间隙，以保证外壳（2）在保护磁块不受损伤的同时起到二次屏蔽作用，减少磁能损耗，从而保证采用较小的磁块就能在管道（1）的方形中间管道段（9）的中央部分产生足够的磁通密度，满足防垢除垢的需要。经过二次屏蔽后，在外壳外面测出的磁场强度接近于零，保证工作人员的健康不受影响。管道（1）露出外壳（2）的两端部分上制有螺纹，用于分别与供水管和锅炉等换热器的进水管相连接。为防止铁制外壳（2）生锈，还可以在铁制外壳（2）的外表面上涂一层防护漆。为了美观，便于辨认和防止假冒，在防护漆的外面绘制有红绿相间的宽条彩色花纹。

图中只示意性地画出两对磁块，实际上可根据水的硬度按上述方法串接多对磁块，即每相邻两对磁块以相互垂直的方式安放。通常水硬度的情况下，使用5对磁块即可达到满意的防垢除垢的目的；若水的硬度更高，可适当增加磁块的对数，如9～10对磁块即可获得满意的效果。如果换热器的容量很小，使用时水的流速又较低，使用两对磁块就可。

图Ⅱ所示的磁化防垢除垢器，由于将条形磁块布置在管道的方形外壁上，因而磁块与管壁接触紧密，便于固定，且磁力线排布均匀，中间磁通密度与两边磁通密度一致，因而当水流过管道时磁化均匀。又因有多对磁块相互垂直地串接在一起，避免了多对磁块之间相互干扰，削弱磁通密度，而且因水流过管道时多次切割磁力线，使水全部磁化，避免出现死角或部分水未被磁化。

图Ⅲ是本发明磁化防垢除垢器的另一实施方式，其与图Ⅱ所示的防垢除垢器的结构基本相同。图中同样只示意性地表示出两对磁块，实际上可根据需要安放多对磁块，每对磁块的排列方式与图Ⅱ所示的条形磁块的排列方式相同，所不同的是当这种磁块装在直径较大的粗管道上时，因磁块的尺寸较大，为了防止相邻磁块相互吸引而移动位置，可在每对磁块之间加装铁制垫圈（8）。加装铁制垫圈（8）之后又能避免各对磁块之间相互干扰。瓦形磁块具有聚磁作用，可使磁场更均匀，使水的磁化更为理想。但瓦形磁块加工比条形磁块复杂，生产成本高，多半与截面较大的圆形管道配合使用。

本发明的磁化防垢除垢器，因不需要过大的磁通密度，可采用较小的磁块，因而产品制造费用低。使用时，只需要将本发明的磁化防垢除垢器连接在供水管和锅炉、茶炉中换热器的进水管之间即可。为了使水流过磁化防垢除垢器时磁化得更好，水的流速不应过大。

附件2：客户自行撰写并提交的原始说明书附图

说 明 书 附 图

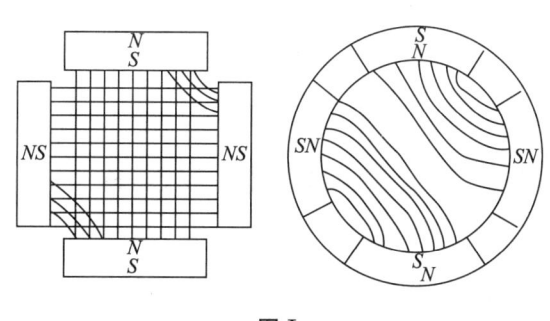

图Ⅰ

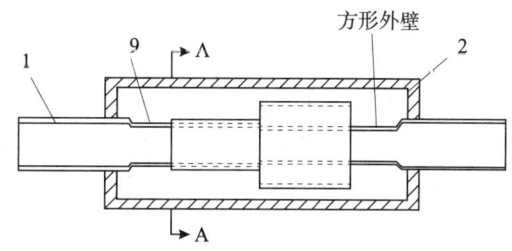

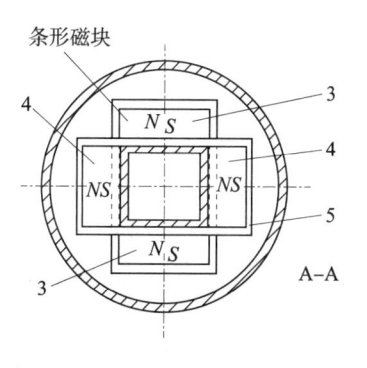

图Ⅱ

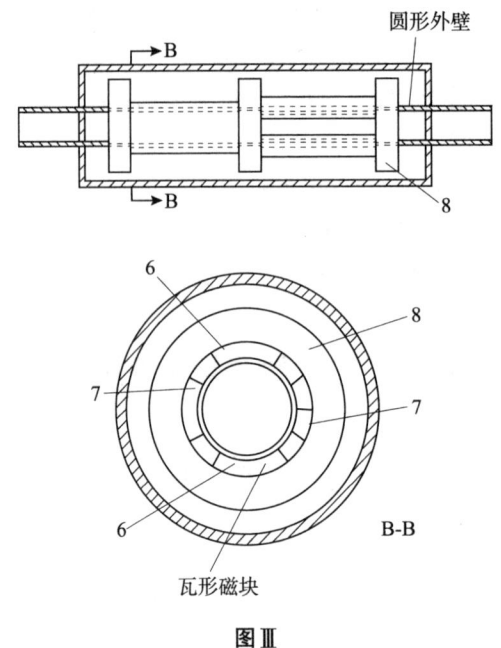

圆形外壁

瓦形磁块

图Ⅲ

附件3：客户自行撰写并提交的原始权利要求书

权 利 要 求 书

1. 一种GCQ型高效磁化防垢除垢器，包括非导磁材料制成的管道1和分别置于其外表面相对两侧的至少两对永磁磁块3、4，其特征在于：它还包括一个由导磁材料制成的外壳2，为使结构简单紧凑，所述管道1穿过所述外壳2，并与外壳2两端连成一体。将不超过5对的永磁磁块用铁皮5包覆（铁皮两端搭接在一起，最好用铁丝将其捆住）固定在管道1外表面相对的两侧，为防止生锈，在所述外壳的外表面上涂有防护漆。

2. 按照权利要求1所述的磁化防垢除垢器的管道和磁块，其特征在于：管道1位于外壳2内的中间管道段9的横截面为方形，所述磁块的形状为条形，用铁皮包覆固定在外壳2内上述方形中间管道段9的外壁上。

3. 按照权利要求2所述的磁化防垢除垢器的管道和磁块，其特征在于：管道1的横截面为圆形，所述磁块的形状为瓦形，用铁皮包覆固定在外壳2内的圆形管道1的外壁上。

4. 按照权利要求2和3所述的磁化防垢除垢器的磁块，其特征在于：上述不超过5对的永磁磁块中任何两对均不在管道1的同一截面上，相邻两对磁块之间形成的磁场基本相互垂直。

5. 按照权利要求2和3所述的磁化防垢除垢器，其特征在于：包覆磁块3、4的铁皮5的外表面与外壳2内壁之间留有间隙。

6. 按照权利要求2和3所述的磁化防垢除垢器，其特征在于：管道1上每对磁块之间装有铁制垫圈 8。

7. 按照权利要求 2 和 3 所述的磁化防垢除垢器，其特征在于：所述管道 1 的材料是铝合金。

8. 按照权利要求 1 至 7 所述的磁化防垢除垢器，其特征在于：在所述防护漆外表面绘制有红绿相间的宽条彩色花纹。

附件 4：客户自行撰写并提交的原始说明书摘要

一种 GCQ 型高效磁化除垢器，由不锈钢等非导磁材料制成的管道穿过外壳两端，并与外壳两端连成一体，至少两对永磁磁块被铁皮包覆固定在所述外壳内的管道外壁上，所述外壳的外表面上涂有防护漆。

附件 5：专利文献 1——内容节选

(19) 中华人民共和国国家知识产权局

(12) 发明专利申请

(10) 申请公布号 CN 123456789 A

(43) 申请公布日 2022.08.31

(21) 申请号 202110123456.x
(22) 申请日 2021.03.16
(73) 申请人 A 公司

(其余著录项目略)

说 明 书

磁化防垢除垢器

本实用新型涉及磁化防垢除垢器。

水垢是锅炉、茶炉等换热设备的大敌。为清除水垢，已采用过许多方法，如化学法、离子交换法、电子除垢法等。最近又出现了利用磁场来处理水垢的方法，例如公告号为 CN 2089467 Y 的中国实用新型专利公开了一种利用磁场来处理水垢的"锅炉防垢装置"。这种防垢装置将两对彼此对置的条形磁块或扇形磁块布置在方形管道或圆形管道的同一截面上，这两对磁块相互垂直。这种布置方式使部分磁力相互抵消，使磁通密度减弱，中心磁通密度更低。此外，对这两对磁块所形成的磁场也未采取任何屏蔽措施，漏磁严重而影响工作人员的健康，磁能损耗大。而且该防垢装置仅在管道的同一截面上布置了两对磁块，这样管道中流过的水仅受到一次磁化作用，作用时间短，磁化效果差，达不到满意的防垢除垢的目的。

本发明要解决的技术问题在于克服上述已知方法的缺点,提供一种防垢除垢效果显著而无副作用的磁化防垢除垢器,不仅能在管道中产生足够的磁通密度,使水很好地磁化,而且结构简单可靠、成本低、无漏磁,不会影响工作人员的身体健康。

如图1所示,设置有两对磁块(3、4),其中一对磁块(4)安放在另一对磁块(3)的下游。管道(1)用于安装成对磁块(3、4)的中间管道段(9)为方形管道。第一对磁块(3)以异性磁极相对的方式布置在该方形中间管道段(9)某一截面的上、下两侧;第二对磁块(4)以同样方式布置在该方形中间管道段(9)中上述截面下游部分的另一截面的左、右两侧,并与第一对磁块(3)紧邻,即第二对磁块(4)的磁场方向与第一对磁块(3)的磁场方向相垂直,且形成的磁场紧接在第一对磁块(3)形成的磁场的下游。为了固定这两对磁块(3、4),分别用铁皮(5)将每对磁块包覆起来固定在管道(1)的方形中间管道段(9)上,可将铁皮两端搭扣在一起,或者用铁丝将其捆住。

磁化防垢除垢器设置有铁制的外壳(2),管道(1)从外壳(2)的两端穿过,并用焊接使外壳(2)的两端与管道(1)连成一体。包覆磁块(3、4)的铁皮(5)的外表面与外壳(2)的内壁之间必须留有适当间隙,以保证外壳(2)在保护磁块不受损伤的同时起到二次屏蔽作用,减少磁能损耗,从而保证采用较小的磁块就能在管道(1)的方形中间管道段(9)的中央部分产生足够的磁通密度,满足防垢除垢的需要。经过二次屏蔽后,在外壳的外面测出的磁场强度接近于零,保证工作人员的健康不受影响。管道(1)露出外壳(2)的两端部分上制有螺纹,用于分别与供水管和锅炉等换热器的进水管相连接。为防止铁制外壳(2)生锈,还可以在铁制外壳(2)的外表面上涂一层防护漆。为了美观,便于辨认和防止假冒,在防护漆的外面绘制有红绿相间的宽条彩色花纹。

说 明 书 附 图

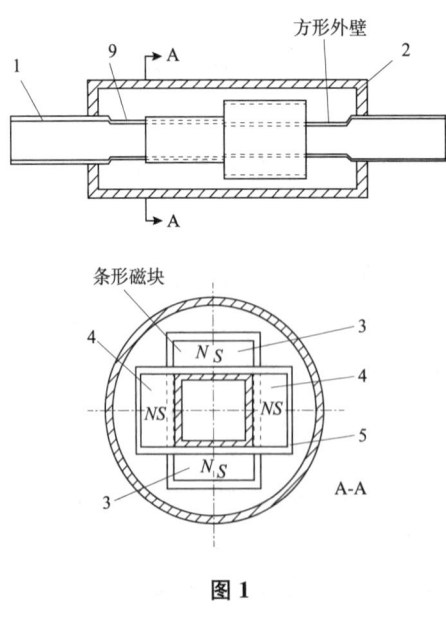

图1

附件6：专利文献2——内容节选

(19) 中华人民共和国国家知识产权局

(12) 实用新型专利

(45) 授权公告日 2022.03.03

(21) 申请号 202120543210.7
(22) 申请日 2021.11.04
(73) 专利权人 B公司

(其余著录项目略)

说 明 书

水磁化装置

现在市面上出现采取磁化方式的水处理装置，其中采用的两对磁块相互垂直位于水通过管道的同一截面上，且形态大多为方形磁块。这种布置方式导致磁力存在相互抵消的问题，磁通密度减弱，磁化效果不佳。

本实用新型针对现有水磁化装置的不足，提供一种新的水磁化装置，包括非导磁材料制成的圆形管道和分别置于其外表面相对两侧的两对弧形永磁磁块，以达到更好的磁化效果。

图1是本实用新型的水磁化装置的主视图。

图2是本实用新型的水磁化装置沿其A—A线的剖视放大图。

参见图1和图2，本实用新型的水磁化装置，包括由非导磁材料制成的圆形管道3和分别置于其外表面相对两侧的第一对弧形永磁磁块1和第二对弧形永磁磁块2。两对弧形磁块分别以异性磁极相对的布置方式固定在圆形管道3的对侧。这两对弧形磁块设置在不同的圆形管道截面上，且形成两个彼此基本垂直的磁场。所述两对弧形永磁磁块用铁皮包覆固定在圆形管道3上。两对弧形永磁磁块之间设置铁制垫圈4，可避免各对磁块之间相互干扰。

本发明的水磁化装置结构简单，具有水磁化效果好的优点。

说 明 书 附 图

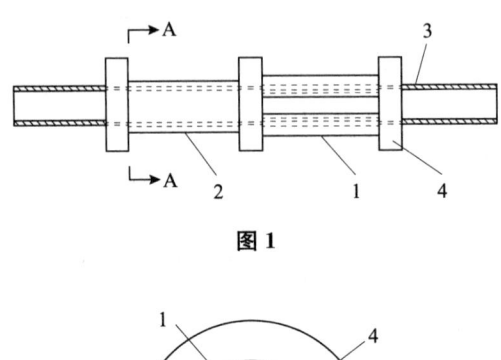

图 1

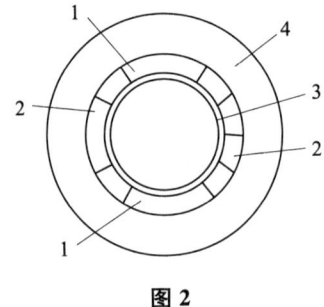

图 2

简要解析

第一套模拟试题简要解析

一、第一题解析要点

由试题说明可知,第一题要求应试者完成的工作是:撰写意见陈述书,必要时对权利要求书进行修改(在修改权利要求书的同时消除原权利要求书存在的形式缺陷)。试题重点考查两方面的内容:独立权利要求的修改(即找到可为权利要求带来新颖性和创造性的关键技术特征);在意见陈述书中论述权利要求具备新颖性和创造性的答辩能力。

1. 关于独立权利要求(液体探测器)的修改

在分析审查意见通知书时,可以得知其中对权利要求1相对于对比文件2不具有新颖性的分析中认定事实有误:其中第一组电导体(相当于权利要求1中的第二电极)设置在贴合于电绝缘、不透水部件1上的透水垫席3的顶侧端,而不是设置在电绝缘、不透水部件1上,因而其并未披露权利要求1中第二电极设置在电绝缘、不透水部件上这一技术特征。尽管如此,由于对比文件1中公开了一种液体探测器,其利用水的导电性而在两个电极间可形成电流来检测液体的存在,且公开了权利要求1的全部技术特征(探测器包括了电绝缘、不透水部件,分别设置在电绝缘、不透水部件上的第一电极和第二电极以及接纳液体的容器,当有足够的导电液体进入所述容器中时两电极之间形成电连接),因此审查意见通知书中有关权利要求1相对于对比文件1不具有新颖性的意见是正确的,应当修改独立权利要求1。

值得注意的是,虽然审查意见通知书没有对权利要求4提出审查意见,但修改权利要求书不能简单地将权利要求4上升为独立权利要求——虽然其具备新颖性和创造性,但大大地缩小了权利要求的保护范围,影响了申请人的利益。

由本申请的说明书可以得知,本发明是针对类似于对比文件2这种在透水性垫席两侧设置第一电极和第二电极作出的改进。本发明与对比文件1中公开的水位检测器相比来说,虽然都是用于检测液体的存在,但在对比文件1中需要测量降水量,因而其容器为有较高高度的圆柱体,而本发明是为了检测是否出现液体,只要出现液体,就希望能测量出来,因而其接纳液体的容器是位于层状支持物中形成的孔,由此可知本发明与现有技术的关键区别点就在于液体探测器的层状支持物与容纳液体的容器之间的关系,只需要将反映此关键区别点的技术特征加入独立权利要求1中,就可使独立权利要求1相对于对比文件1具有新颖性。

至于这样修改后的权利要求是否相对于对比文件1和对比文件2具有创造性,在这两篇对比文件中应当以对比文件2作为最接近的现有技术。修改后的独立要求1与对比文件2的区别主要在于该容纳液体的容器形成在电绝缘、不透水的层状支持物中,从而可快速检测渗漏液体并可方便地重复使用。尽管对比文件1中容纳液体的容器也由电绝缘、不透水材料制成,但该容器是圆柱体状,并不是形成在层状材料中,而且未给出将其与对比文件2结合得到独立权利要求1

技术方案的技术启示。因此应当认为修改后的独立权利要求1相对于对比文件2和对比文件1具有创造性。

2. 关于从属权利要求

由于第一题是针对审查意见通知书答复时所进行的权利要求书的修改，按照《专利法实施细则》第五十一条第三款以及《专利审查指南》第二部分第八章中有关答复审查意见通知书对权利要求书作出修改的规定，在修改权利要求书时不能主动增加在原权利要求书中未曾出现过的从属权利要求，因此只需保留原权利要求中已有的从属权利要求，但是需要根据修改后的独立权利要求作相适应的文字修改。

3. 关于形式缺陷

试题说明中明确要求将原权利要求书中所存在的形式缺陷一并克服。在阅读试题中的原权利要求书时，发现其存在下述三方面的形式缺陷：从属权利要求3和权利要求4两项从属权利要求引用部分的主题名称与独立权利要求1的主题名称不一致；原权利要求4还存在着多项从属权利要求引用另一项多项从属权利要求3的形式缺陷，以及没有择一引用的缺陷；原权利要求4与原权利要求3是两项并列的技术方案，因此不能引用权利要求3。为克服第一个形式缺陷，只要将权利要求3和权利要求4引用部分的主题名称修改得与独立权利要求1的主题名称一致即可；而对于后两个缺陷，只要将原权利要求4的引用部分由"如权利要求1至3"修改为"如权利要求1或2所述"，就同时消除了后两个形式缺陷。

4. 关于意见陈述书

由于修改了权利要求书，应当针对修改后的权利要求书论述其已克服了通知书中所指出的实质性缺陷。在撰写意见陈述书时应当注意下述几点：

（1）由于在答复审查意见通知书时对权利要求书进行了修改，因此在起始段后应当对权利要求书所进行的修改作出说明，并指出所作修改符合《专利法》第三十三条和《专利法实施细则》第五十一条第三款的规定。

（2）在论述修改后的权利要求1具有新颖性时，既要论述其相对于对比文件1具有新颖性，又要论述其相对于对比文件2具有新颖性。其中论述具有新颖性时应符合单一对比原则，指出修改后的独立权利要求1分别相对于对比文件1或者对比文件2的区别所在，在此基础上得出独立权利要求1符合《专利法》第二十二条第二款有关新颖性规定的结论。

（3）在论述修改后的独立权利要求1相对于审查意见通知书中引用的两篇对比文件具有创造性时，需按照"三步法"的要求进行分析说明，尤其是要正确指出对比文件2是最接近的现有技术，并应当简要说明对比文件2是最接近现有技术的理由，千万不要因为通知书中先指出原权利要求1相对于对比文件1不具有新颖性、以原权利要求5相对于对比文件1和本领域公知常识不具有创造性而将对比文件1作为最接近的现有技术。在有关创造性分析的第三步"论述非显而易见"时，要将最接近的现有技术对比文件2和对比文件1结合起来进行分析，以使论述更完善。此外，注意不要遗漏对显著的进步的论述。

（4）至于从属权利要求2至4以及另一项独立权利要求5和其从属权利要求6具有新颖性和创造性的分析，可以简单加以论述。

二、第二题解析要点

本题要求假设客户以本专利申请的说明书作为技术交底书，并提供了上述两份对比文件作为所了解到的现有技术，重新为客户撰写发明专利申请的权利要求书。因此应试者作答时不必再像第一题那样在答复审查意见通知书时需要针对其指出的缺陷进行修改，而完全是重新撰写一份权利要求书。

从原说明书来看，可以得知，技术主题主要是液体探测器，除此之外，还包括多个液体探测器组合而成的液体探测器组合，以及液体检测装置。因此，撰写权利要求书很可能需要撰写三个独立权利要求，然后还要考虑对它们撰写出必要的从属权利要求。

针对主要的技术主题即液体探测器，提供了两种实施方式。第一种实施方式中，液体探测器 100 包括由电绝缘、不透水材料制成的层状支持物 1，在支持物 1 中有盲孔以形成容纳液体的容器 4，第一电极 2 设置在容器 4 的底部，第二电极 3 设置在容器 4 的侧壁 5 的上半部分。第二种实施方式接纳液体的容器 40 是由贯通支持物 1 的通孔和封住该通孔下端、成为第一电极 20 的金属层形成。通孔的侧壁成为容器 40 的侧壁 50。

如前分析可知，应当以对比文件 2 作为最接近的现有技术。其中，本申请两种实施方式与对比文件 2 的区别主要在于该容纳液体的容器形成在电绝缘、不透水的层状支持物中，而对比文件 2 中相当于本发明容纳液体的容器是垫席在与不透水部件 1 上一系列凹陷对应位置形成了垫席上的凹陷 2，由此也决定了本发明的层状支持物是不透水的，而对比文件 2 的垫席是透水的（虽然还有不透水部件 1，但其仅起支撑作用），进而也决定了两者第一电极和第二电极的设计方式是不同的。

而对比文件 1 的检测器并非层状支持物，而是一个杯或筒状，与本发明差异较大。因此，可以基于区别确定其发明点，针对两种实施方式这一点进行适当的概括，列出相关的技术特征并判断出需要写入权利要求 1 中的必要技术特征，根据与对比文件 2 的比较来确定前述部分和特征部分。前序部分包括主题名称"液体探测器"，以及第一电极、第二电极、电绝缘层状支持物和接纳液体的容器；特征部分包括电绝缘、不透水层状支持物，接纳液体的容器位于所述电绝缘、不透水层状支持物中，第一电极和第二电极相间隔地设置在所述容器的壁上。由此完成独立权利要求 1 的撰写。

进一步地，基于第一电极和第二电极的布置方式，接纳液体的容器是盲孔还是凹陷孔等均与发明点相关的特征，需要基于说明书提供的方式撰写相应的从属权利要求。此外，还根据说明书最后一段的记载针对支持物 1 是刚性的还是弹性的撰写一个从属权利要求。

接下来，撰写基于多个液体探测器组合而成的液体探测器组合的独立权利要求。这个权利要求撰写相对比较简单，即写成一种液体探测器组合，由多个前述的权利要求中任一项所述的液体探测器组合而成即可。然后再根据说明书对具体的布置方式（即布置成矩阵形式）、各个电极连接的接线端、监控器的连接端以及各液体探测器各自独立进行检测分别撰写从属权利要求。

再接着针对液体检测装置撰写独立权利要求。基于说明书的撰写可知，在上述液体探测器的基础上，增加监控器即构成液体检测装置。另外，没有必要撰写从属权利要求。

最终判断是合案申请还是分案申请。基于前述分析可知，三项独立权利要求均是基于权利要求1所述的液体探测器的发明点而具备新颖性和创造性,因此其具有相同的特定技术特征,属于一个总的发明构思,具备单一性,因此可以合案申请。答题时注意按照论述要求给出分析。

参考答案

一、第一题参考答案

(一) 修改后的权利要求

1. 一种液体探测器(100,200),包括第一电极(2,20)、第二电极(3)、电绝缘层状支持物(1)和接纳液体的容器(4,40),其特征在于:所述电绝缘层状支持物(1)不透水,所述接纳液体的容器(4,40)位于所述电绝缘、不透水层状支持物(1)中,第一电极(2,20)和第二电极(3)设置在该电绝缘、不透水层状支持物(1)中的容器(4,40)壁上。

2. 如权利要求1所述的液体探测器(100,200),其特征在于,第一电极(2,20)低于第二电极(3),第二电极(3)至少有部分位于所述容器(4,40)的侧壁(5,50)上。

3. 如权利要求1或2所述的液体探测器(100),其特征在于,所述容器(4)是在所述电绝缘、不透水层状支持物(1)中形成的盲孔。

4. 如权利要求1或2所述的液体探测器(200),其特征在于,所述容器(40)由在所述电绝缘、不透水层状支持物(1)中形成的通孔和封住该通孔下端的第一电极(20)形成。

5. 一种液体探测器组合(300),由多个如权利要求1至4中任一项所述的液体探测器(100,200)组成。

6. 如权利要求5所述的液体探测器组合(300),其特征在于:每个液体探测器(100,200)各自独立进行检测。

(二) 意见陈述书

国家知识产权局:

本意见陈述书是针对第一次审查意见通知书作出的答复,随此意见陈述书附上新修改的权利要求书全文。❶

下面具体就权利要求的修改之处及其修改后的权利要求进行意见陈述。

一、修改说明

(1) 针对通知书中指出的原独立权利要求1不具有新颖性的缺陷,对其进行了修改,将"电绝缘部件"明确为"层状支持物",且限定其"不透水",并将"接纳液体的容器"明确其"位于电绝缘、不透水层状支持物中",以使之具备新颖性和创造性。该修改依据来自说明书第[0011]段、第[0015]段以及图1和图2。修改后的独立权利要求1的同时相对于最接近的现

---

❶ 试题仅要求修改权利要求书,不要求修改说明书。但实际代理中,可能还会同时提交说明书的修改页。

有技术对比文件2进行了划界。

（2）将原从属权利要求2至4改写成从属权利要求2至4，并对这些权利要求中的"电绝缘部件"也明确为"电绝缘、不透水层状支持物"。此外，将从属权利要求3和4的主题名称由"液体探测器组合的容器"修改为"液体探测器"，使其与所引用的独立权利要求的主题名称一致，以符合《专利法实施细则》第二十二条第一款的规定。并且在新修改的权利要求4的引用部分不再引用权利要求3，即仅引用权利要求1和2，以消除原权利要求4所存在的"多项从属要求作为另一项多项从属权利要求基础"和没有择一引用（不符合《专利法实施细则》第二十二条第二款规定）的缺陷，同时消除了原权利要求4引用原权利要求3的技术方案导致该权利要求未清楚限定要求专利保护范围（不符合《专利法》第二十六条第四款规定）的缺陷。

（3）保留原独立权利要求5和从属权利要求6。

以上修改均未超出原说明书和原权利要求书记载的范围，且是针对通知书中所指出的缺陷或者申请文件本身所存在的缺陷进行的修改，因此上述修改符合《专利法》第三十三条的规定以及《专利法实施细则》第五十一条第三款的规定。具体修改内容参见修改后的权利要求书。

二、关于修改后的独立权利要求1的新颖性和创造性

1. 修改后的权利要求1具备新颖性

在对比文件1公开的水位检测器中，接纳水的容器是圆柱形的杯体，并没有披露有关"接纳液体的容器位于层状支持物中"的内容。因而权利要求1请求保护的技术方案不同于对比文件1公开的技术方案。由此可知，权利要求1相对于对比文件1具备《专利法》第二十二条第二款规定的新颖性。

在对比文件2公开的液体检测器中，其包括刚性不透水、其上有凹陷的层状电绝缘部件，但在其上贴合了可渗透水的弹性电绝缘垫席，在垫席上与刚性电绝缘、不透水部件上的凹陷对应位置处也形成了容纳液体的凹陷。由此可知，对比文件2公开的液体检测器中容纳液体的容器位于可渗透水的电绝缘垫席上，而不是位于不透水的层状电绝缘部件中。因此，对比文件2也未公开权利要求1中所限定的接纳液体的容器位于电绝缘、不透水层状支持物中，因而，权利要求1相对于对比文件2具备《专利法》第二十二条第二款规定的新颖性。

2. 权利要求1具备创造性

对比文件1公开的水位检测器、对比文件2公开的液体检测器与权利要求1要求保护的技术方案属于相同的技术领域，但是对比文件2与对比文件1相比，其用途和技术效果与本发明更接近，且披露了本发明更多的技术特征，因而对比文件2是本发明最接近的现有技术。

如前所述，权利要求1与对比文件2相比，其关键区别在于：权利要求1中接纳液体的容器位于不透水的电绝缘层状支持物中，而在对比文件2中作为接纳液体容器的凹陷位于透水的电绝缘垫席上。在使用时，对比文件2的检测器要在凹陷中形成积水且该积水渗透垫席的一部分纤维而导致上下两组导电体电连接后才能形成可检测的电流，而在权利要求1的液体探测器中，由于接纳液体的容器位于不透水的电绝缘层状支持物中，只要发生渗漏，水就很容易在容器中达到形成电流的程度；同时，对比文件2公开的检测器由于在渗透垫席纤维被浸水后需要干燥后才能重复使用，而本发明只需将液体擦除即可立即重复使用。因此，权利要求1实际解决的技术问题是提供更快速检测渗漏液体并易于重复使用的液体探测器。

而在对比文件1公开的水位检测器中，接纳液体的容器是圆柱形杯体，即便该圆柱形杯体是由不透水电绝缘材料制成，但由于水位检测器用于测量降水量，并不需要快速测量，也不需要立即重复使用，因而其未给出可以将接纳液体的容器设置在电绝缘、不透水层状支持物中这种技术手段应用到对比文件2中来解决上述技术问题以获得权利要求1的技术方案的结合启示。此外，上述区别技术特征并不是本领域解决所述技术问题的公知常识。因此，修改后的权利要求1对本领域的技术人员来说是非显而易见的，具有突出的实质性特点。

通过采用"将接纳液体的容器设置在电绝缘、不透水层状支持物中"的方式，获得了易于重复使用并能快速检测到渗漏液体，并且由于容纳液体的容器形成于层状支持物中，在上面行走也不会损坏探测器等有益效果，因而具有显著的进步。

综上所述，修改后的权利要求1具有突出的实质性特点和显著的进步，相对于对比文件1、对比文件2以及本领域的公知常识具备《专利法》第二十二条第三款规定的创造性。

三、关于权利要求2至4的新颖性和创造性

权利要求2至4是对独立权利要求1进一步限定的从属权利要求。由于权利要求1具备新颖性和创造性，因而从属权利要求2至4也具备《专利法》第二十二条第二款和第三款规定的新颖性和创造性。

四、关于权利要求5和6的新颖性和创造性

由于独立权利要求5请求保护的液体检测器组合包括了权利要求1至4的液体探测器，因而当权利要求1至4具备新颖性和创造性时，独立权利要求5也具备《专利法》第二十二条第二款和第三款规定的新颖性和创造性。

权利要求6是权利要求5的从属权利要求，因此在权利要求5具有新颖性和创造性时，其从属权利要求6也具备《专利法》第二十二条第二款和第三款规定的新颖性和创造性。

申请人相信，修改后的权利要求书已经完全克服了第一次审查意见通知书中指出的不具备新颖性和创造性的缺陷，并克服了其他一些形式缺陷，符合《专利法》及其实施细则以及《专利审查指南》的有关规定。如果继续审查过程中认为本申请还存在其他缺陷，请联络本代理师，申请人和本代理师将尽力配合工作。

专利代理师：×××

××××专利代理机构

二、第二题参考答案

(一) 权利要求书

1. 一种液体探测器（100，200），包括第一电极（2，20）、第二电极（3）、电绝缘层状支持物（1）和接纳液体的容器（4，40），其特征在于：所述电绝缘层状支持物（1）不透水，所述接纳液体的容器（4，40）位于所述电绝缘层状支持物（1）中，第一电极（2，20）和第二电极（3）相间隔地设置在所述容器（4，40）的壁上，且被设计成当容器（4，40）中有足够导电性液体时在两者之间形成电连接。

2. 如权利要求1所述的液体探测器（100，200），其特征在于：第二电极（3）至少有部分位于所述容器（4，40）的侧壁（5，50）上。

3. 如权利要求1所述的液体探测器（100，200），其特征在于：第一电极（2，20）位于所述容器的底壁上。

4. 如权利要求1至3中任一项所述的液体探测器（100，200），其特征在于：第一电极（2）的接线端（6）设置在层状支持物（1）的底侧。

5. 如权利要求1至3中任一项所述的液体探测器（100，200），其特征在于：第一电极（2）的接线端（6）设置在层状支持物（1）的顶侧。

6. 如权利要求1至3中任一项所述的液体探测器（100），其特征在于，所述容器（4）是在所述电绝缘层状支持物（1）中形成的盲孔。

7. 如权利要求6所述的液体探测器（100），其特征在于，所述盲孔是凹陷孔。

8. 如权利要求1至3中任一项所述的液体探测器（200），其特征在于，所述容器（4）由在所述电绝缘层状支持物（1）中形成的通孔和封住该通孔下端的第一电极（20）形成。

9. 如权利要求1至3中任一项所述的液体探测器（100，200），其特征在于，所述支持物（1）是弹性的或刚性的。

10. 一种液体探测器组合（300），由多个如权利要求1至9中任一项所述的液体探测器（100，200）组合而成。

11. 如权利要求10所述的液体探测器组合（300），其特征在于：多个液体探测器（100，200）布置成矩阵形式。

12. 如权利要求10所述的液体探测器组合（300），其特征在于：每个液体探测器（100，200）各自独立进行检测。

13. 如权利要求12所述的液体探测器组合（300），其特征在于：各个液体探测器（100，200）的第一电极（2，20）以行的形式布置，相互连接，各行的第一电极（2，20）具有各自连接到监控器（400）的接线端，第二电极（3）以列的形式布置，相互连接，各行的第二电极（3）具有各自连接到监控器（400）的接线端。

14. 如权利要求11所述的液体探测器组合（300），其特征在于：所有第一电极（2）相互连接，具有一个连接到监控器（400）的共用接线端，所有第二电极（3）相互连接，具有另一个连接到监控器（400）的共用接线端。

15. 一种液体检测装置，包括如权利要求10至14中任一项所述的液体探测器组合（300）和监控器（400）。

(二) 可合案申请的理由

对于独立权利要求1要求保护的液体探测器来说，其相对于现有技术具有新颖性和创造性贡献的技术特征为"接纳液体的容器位于所述电绝缘、不透水层状支持物中"，而对独立权利10和独立权利要求15来说，所要求保护的液体探测器组合和液体检测装置这两项发明都包含权利要求1所要求保护的液体探测器，因此其必然包含了上述特定技术特征，即这三项独立权利要求具有相同的特定技术特征，属于一个总的发明构思，具备单一性，因此可以合案申请。

第二套模拟试题简要解析

一、概述

由试题说明可知,要求应试者完成的工作分为两部分:第一部分是无效实务,即具体分析客户所撰写的无效宣告请求书中的各项无效宣告理由是否成立(第一题),根据客户提供的材料重新撰写一份无效宣告请求书(第二题);第二部分是撰写实务,根据技术交底书为客户撰写一份发明专利申请的权利要求书,阐述可以合案或分案申请的理由(第三题),并说明所撰写的独立权利要求具有新颖性和创造性的理由(第四题)。

二、第一题解析要点

对于客户撰写的无效宣告请求书,主要注意以下几点:

(1)论述不规范不充分的问题,例如权利要求1相对于对比文件1不具备新颖性的无效宣告理由成立,但请求书中有关不具备新颖性的分析论述存在不充分之处,既没有指出两者属于相同的技术领域,解决相同的技术问题,并能达到相同的预期技术效果,也没有写明法律条款即《专利法》第二十二条第二款。

(2)注意不同技术领域的对比文件不能影响专利权利要求的新颖性。对比文件3公开了一种发光冰球,与本实用新型专利涉及的高尔夫球不属于相同的技术领域。因此,对比文件3不可能影响权利要求1的新颖性。

(3)注意新颖性和创造性的区别。例如针对权利要求2相对于对比文件2不具备新颖性的无效宣告理由而言,由于对比文件2中的空腔为圆形,透明圆形容器也均不是圆柱形。因此,并没有公开权利要求2的附加技术特征,故对比文件2并不能影响权利要求2的新颖性。不能因为本领域技术人员很容易想到而评述其新颖性,这应当属于创造性的问题了。

(4)把握创造性的判断思路。主要是在分析权利要求3不具备创造性时,没有按照《专利审查指南》关于创造性判断的"三步法"进行分析,没有指明最接近的现有技术和发明实际解决的技术问题,也没有写明法律条款即《专利法》第二十二条第三款。

(5)注意实用新型保护客体的准确理由。权利要求1中的透明材料是已知材料,不属于对材料本身提出的改进,即因而权利要求1属于实用新型专利保护客体。

(6)注意区分法定无效宣告理由和非法定无效宣告理由,如不符合《专利实施细则》第二十二条第一款和《专利法》第三十一条第一款不属于法定无效宣告理由。

三、第二题解析要点

该题是要求重新撰写一份无效宣告请求书。一方面对于客户撰写过成立的无效宣告理由应当进行完善分析和说理，对于不能成立的无效宣告理由直接放弃；另一方面，对于客户没有提及的无效宣告理由也不能忽略。

其中，除了客户撰写的可用无效宣告理由之外，还应包括权利要求4和5不具备《专利法》第二十二条第二款规定的新颖性，以及权利要求4不符合《专利法》第二十六条第四款关于权利要求应当清楚限定专利保护范围的规定。

此外，撰写时注意论述规范充分，正文完整地包括各个部分。

四、第三题解析要点

该题是典型的撰写实务题。

首先，需要理解发明。根据技术交底书的描述，发明解决的技术问题是：解决现有的发光高尔夫球只能激活发光一次，不能重复使用，导致成本高的问题，且解决制备难度大、设备要求的问题。分析技术交底书中可知，采用的解决方式有两种：一是"球体具有开口的空腔和发光装置，所述发光装置能够通过开口而插入并固定在空腔中"。二是"球体内嵌入电子电路发光灯，并具有容纳可拔插非导电针的径向孔"。相应地，这两种解决方式构成两项发明，且两者解决技术问题的思路互不相同，初步判断是明显不具备单一性，因此应当以两件申请提出。

其次，根据技术交底书提供的内容来看，两项发明重要性不相上下，但第一项发明描述的内容更多，结构相对更简洁（可撰写的从属权利要求也更多），因此作为主要发明更合适；第二发明作为另案申请对待。

根据试题要求，针对两项发明需要分别撰写权利要求书（即撰写独立权利要求外，还要撰写合适数量的从属权利要求）。其中，需要确定主题名称，找出可能写入权利要求中的技术特征并分析其逻辑关系。根据解决的技术问题，确定发明点，确定必要技术特征，撰写独立权利要求，然后基于附加技术特征撰写从属权利要求。其中，第一项发明独立权利要求重点是"球体具有开口的空腔和发光装置，所述发光装置能够通过开口而插入并固定在空腔中"。根据技术交底书，可以从空腔和发光装置的形状（圆柱形）及其配合关系、发光装置的类型（电子电路发光灯或化学发光棒）及进一步的方式（化学发光棒的具体结构）等方面来撰写从属权利要求。一般主要发明的权利要求在10项左右。

第二项发明独立权利要求的重点是"球体内嵌入电子电路发光灯，并具有容纳可拔插非导电针的径向孔，且当非导电针插入径向孔中时，则使电子电路发光灯的电路断开而不发光；而拔出非导电针，电子电路发光灯的电路连接状态而发光"。从属权利要求主要针对技术交底书给出的电路结构、发光二极管的个数以及孔的直径来撰写。通常对于要求权利要求书而言，次要发明权利要求的个数要明显少于主要发明的权利要求个数（但经常出现的试题是只要求撰写次要发明的独立权利要求）。

最后，还要对两项发明是否合案申请的理由进行说明，本试题由于两者解决技术问题的思路互不相同，不存在相同或相应的特定技术特征，不属于一个总的发明构思，不具备单一性，因此应当以两件申请提出。当然，由于两者解决的技术问题具有类似性，即都是解决高尔夫球只能激活发光一次，不能重复使用，导致成本高的问题，因此如果认为应当合案申请也可以得一定的分数。但总体来说，分成两件申请更为合理。

参考答案

一、第一题参考答案

尊敬的A公司：

很高兴贵方委托我代理机构代为办理请求宣告专利号为202020012345.8、名称为"一种发光的高尔夫球"的实用新型专利无效的有关事宜。经仔细阅读贵方提供的附件1~2以及对比文件1~3，对贵方撰写的无效宣告理由是否成立的结论和理由以及请求书的撰写所存在问题给出如下分析意见。

1. 权利要求1不具备新颖性的无效宣告理由

（1）权利要求1相对于对比文件1不具备新颖性的无效宣告理由成立，但请求书中有关不具备新颖性的分析论述存在不充分之处

对比文件1公开了内置的化学发光光棒的高尔夫球，包括第一半体和第二半体，由透明塑料模制而成，两个半体焊接或黏结起来，使化学发光光棒封闭在高尔夫球的径向孔中。由此可见，对比文件1不仅公开了权利要求1的全部技术特征，采用了相同的技术方案，并且都属于高尔夫球这一相同的技术领域，解决了可以在黑暗条件下使用的技术问题，并能达到相同的预期技术效果。因此，权利要求1相对于对比文件1不具备新颖性，不符合《专利法》第二十二条第二款的规定。

需要指出的是，贵公司所撰写的请求书中在分析权利要求1相对于对比文件1不具备新颖性时，没有指出两者属于相同的技术领域，解决相同的技术问题，并能达到相同的预期技术效果，也没有写明法律条款即《专利法》第二十二条第二款。由此可知，在论述权利要求1相对于对比文件1不具备新颖性的理由时存在不充分之处，未体现出新颖性审查原则"同样的发明或者实用新型"中的有关要求。

（2）权利要求1相对于对比文件2不具备新颖性的无效宣告理由成立，但请求书中有关不具备新颖性的分析论述存在不充分之处

对比文件2相对于涉案专利是申请在先授权公告在后的实用新型专利。其公开的发光高尔夫球包括透明的圆形球体，其中具有圆形中空腔，所述空腔中安置透明圆形容器，通过薄隔板而分成两个室，每个室中装有液体化学发光材料（相当于发光装置）。因此，对比文件2公开了权利要求1的全部技术特征，采用了相同的技术方案，并且都属于高尔夫球这一相同的技术领域，解决了黑暗条件下使用的技术问题，并能达到相同的预期技术效果。因此，对比文件2构成了权利要求1的抵触申请，因此权利要求1相对于对比文件2不具备新颖性，不符合《专利法》第二十二条第二款的规定。

需要指出的是，贵公司所撰写的请求书中在分析权利要求1相对于对比文件2不具备新颖性时，没有指出两者属于相同的技术领域，解决相同的技术问题，并能达到相同的预期技术效果；也没有指出权利要求1相对于对比文件2构成抵触申请的结论，同时没有写明法律条款即《专利

法》第二十二条第二款。由此可知，权利要求1相对于对比文件2不具备新颖性的结论正确，但分析原因时存在不充分之处，未完全体现出新颖性审查原则"同样的发明或者实用新型"中的有关要求。

(3) 权利要求1相对于对比文件3不具备新颖性的无效宣告理由不成立

对比文件3公开了一种发光冰球，与本实用新型专利涉及的高尔夫球不属于相同的技术领域。因此，对比文件3不可能影响权利要求1的新颖性，权利要求1相对于对比文件3不具备新颖性的无效宣告理由是不能成立的。

2. 关于权利要求2不具备新颖性的无效宣告理由

(1) 权利要求2相对于对比文件1不具备新颖性的无效宣告理由成立

由于对比文件1中的化学发光光棒3封闭在高尔夫球的径向孔中，其空腔也是圆柱形，所述化学发光光棒也为圆柱形，因此也公开了权利要求2的附加技术特征。在权利要求1相对于对比文件1不具备新颖性的基础上，权利要求2也不具备新颖性。

(2) 权利要求2相对于对比文件2不具备新颖性的无效宣告理由不成立

由于对比文件2中的空腔为圆形，透明圆形容器也不是圆柱形，因此，并没有公开权利要求2的附加技术特征，故对比文件2并不能影响权利要求2的新颖性。

3. 权利要求3不具备创造性的无效宣告理由成立

权利要求3是在权利要求1或2的基础上进一步限定"所述发光装置是电子电路发光灯"。对比文件1是最接近的现有技术。权利要求3与对比文件1的区别在于：发光装置是电子电路发光灯，其中电子电路含有两个发光二极管、一个电池、一个控制单元和一个碰撞开关。权利要求3的技术方案实际解决的技术问题是如何实现高尔夫球在撞击时发光。对比文件3中公开的发光冰球中，其中也涉及一种撞击发光的灯，所述灯与电子电路相连接，电路含有两个发光二极管、电池、控制单元和振动控制开关。当冰球被打击时，振动控制开关激活控制单元，使得二极管发光。可见，该区别技术特征已被对比文件3所公开，并且起到了相同的作用。本领域技术人员能够想到将对比文件3的撞击发光的灯运用到对比文件1的技术方案中而获得权利要求3的技术方案，其效果也可以预期的。因此，权利要求3相对于对比文件1和对比文件3的结合不具备实质性特点和进步，因而权利要求3相对于对比文件1和对比文件3的结合不具备创造性，不符合《专利法》第二十二条第三款的规定。

需要指出的是，贵公司所撰写的请求书中在分析权利要求3不具备创造性时，没有按照《专利审查指南》关于创造性判断的"三步法"进行分析，没有指明最接近的现有技术和发明实际解决的技术问题；也没有写明法律条款即《专利法》第二十二条第三款。由此可知，权利要求3不具备创造性的结论正确，但分析原因时存在不充分的缺陷。

4. 关于其他的无效宣告理由

① 权利要求1中的透明材料是已知材料，该技术方案是将这些已知的材料应用于具有形状构造的产品上。根据《专利审查指南》的有关规定，这种情形不属于对材料本身提出的改进，因而权利要求1属于实用新型专利保护客体，即权利要求1不符合《专利法》第二条第三款的规定的无效宣告理由不能成立。

② 权利要求5引用权利要求1至4，但圆柱形光棒并没有在权利要求1至3中出现过，因此

权利要求5引用权利要求1至3时缺乏引用基础,导致权利要求的保护范围不清楚,不符合《专利法》第二十六条第四款的规定。因此,该无效宣告理由成立。

③ 由于《专利法实施细则》第二十二条第一款并不是《专利法实施细则》第六十五条第二款所规定的可以作为无效宣告的理由,因此关于权利要求4、5和6不符合《专利实施细则》第二十二条第一款的规定的无效宣告理由不成立。

④ 在《专利法实施细则》第六十五条第二款所规定可以作为无效宣告理由的具体条款中,并不包括涉及单一性的《专利法》第三十一条,即不具备单一性不属于法定无效宣告理由,因而有关权利要求3和权利要求4不具有单一性的无效宣告理由不能成立。

以上是对贵公司技术人员所撰写的无效宣告请求书的分析意见,供贵公司参考。为此,又针对贵公司所提供的对比文件撰写了一份无效宣告请求书。

××专利代理机构×××

二、第二题参考答案

无效宣告请求书正文

根据《专利法》第四十五条和《专利法实施细则》第六十五条的规定,请求人请求宣告专利号为202020012345.8、申请日为2020年7月2日、名称为"一种发光的高尔夫球"的实用新型专利(下称该专利)全部无效。

一、无效宣告请求的证据

请求人提交如下三篇对比文件作为无效宣告请求的证据:

对比文件1:专利号为ZL202020012345.7的实用新型专利说明书,授权公告日为2019年1月30日。

对比文件2:专利号为ZL202020223456.0的实用新型专利说明书,授权公告日为2020年7月20日,申请日为2020年1月2日。

对比文件3:专利号为ZL 20112000345.2的实用新型专利说明书,授权公告日为2011年8月23日。

二、关于不具备新颖性、创造性的无效理由

1. 权利要求1不具备《专利法》第二十二条第二款规定的新颖性

权利要求1请求保护发光的高尔夫球。对比文件1公开了内置化学发光光棒的高尔夫球,包括第一半体和第二半体,由透明塑料模制而成,两个半体焊接或黏结起来,使化学发光光棒封闭在高尔夫球的径向孔中。由此可见,对比文件1不仅公开了权利要求1的全部技术特征,采用了相同的技术方案,并且都属于高尔夫球这一相同的技术领域,解决了黑暗条件下使用的技术问题,并能达到相同的预期技术效果。因此,权利要求1相对于对比文件1不具备新颖性,不符合《专利法》第二十二条第二款的规定。

对比文件2相对于涉案专利是申请在先、授权公告在后的实用新型专利。对比文件2公开了发光高尔夫球,包括透明的圆形球体,其中具有圆形中空腔,所述空腔中安置透明圆形容器,通过薄隔板而分成两个室,每个室中装有液体化学发光材料(相当于发光装置)。对比文件2公开了权利要求1的全部技术特征，采用了相同的技术方案，并且都属于高尔夫球这一相同的技术领域，解决了可以黑暗条件下使用的技术问题，并能达到相同的预期技术效果。因此，对比文件2构成了权利要求1的抵触申请，因此权利要求1相对于对比文件2不具备新颖性，不符合《专利法》第二十二条第二款的规定。

2. 权利要求2不具备《专利法》第二十二条第二款规定的新颖性

由于对比文件1中的化学发光光棒封闭在高尔夫球的径向孔中，其空腔也是圆柱形，所述化学发光光棒也为圆柱形管，因此也公开了权利要求2的附加技术特征，在权利要求1相对于对比文件1不具备新颖性的基础上，权利要求2也不具备《专利法》第二十二条第二款规定的新颖性。

3. 权利要求3不具备《专利法》第二十二条第三款规定的创造性

权利要求3是在权利要求1或2的基础上进一步限定"所述发光装置是电子电路发光灯"。对比文件1是最接近的现有技术。权利要求3与对比文件1的区别在于：发光装置是电子电路发光灯，其中电子电路含有两个发光二极管、一个电池、一个控制单元和一个碰撞开关。权利要求3的技术方案实际解决的技术问题是如何实现高尔夫球在撞击时发光。对比文件3中公开的发光冰球，与本专利涉及的高尔夫球属于相近的技术领域，其中也涉及一种撞击发光的灯，所述灯与电子电路相连接，电路含有两个发光二极管、电池、控制单元和振动控制开关。当冰球被打击时，振动控制开关激活控制单元，使得二极管发光。可见，该区别技术特征已被对比文件3所公开，并且起到相同的作用。本领域技术人员能够想到将对比文件3撞击发光的灯运用到对比文件1的技术方案中而获得权利要求3的技术方案，其效果也是可以预期的。因此，权利要求3相对于对比文件1和对比文件3的结合不具备实质性特点和进步，因而权利要求3相对于对比文件1和对比文件3的结合不具备创造性，不符合《专利法》第二十二条第三款的规定。

4. 权利要求4不具备《专利法》第二十二条第二款规定的新颖性

对比文件1还公开了在作为化学发光棒的圆柱形管中设计隔膜而分成两个空间，一个空间装有第一液体化学成分，另一空间装有第二液体化学成分，当隔膜被震破时，两种液体化学成分发生混合进行反应而发光。因此，对比文件1还公开了权利要求4的附加技术特征，故在权利要求1和2不具备新颖性时，权利要求4在引用权利要求1和2的技术方案不具备新颖性，不具备《专利法》第二十二条第二款规定的新颖性。

5. 权利要求5不具备《专利法》第二十二条第二款规定的新颖性

权利要求5是权利要求1~4的从属权利要求，进一步限定所述化学发光的圆柱形棒为中空结构，且由隔膜分隔成两个部分。但对比文件1公开了化学发光学棒的圆柱形管中设计隔膜而分成两个空间，即也公开了权利要求5的附加技术特征。因此在其引用的权利要求1、2、4不具备新颖性的前提下，权利要求5也不具备《专利法》第二十二条第二款规定的新颖性。

6. 权利要求4不符合《专利法》第二十六条第四款的规定

权利要求4中限定所述发光装置是化学发光的圆柱形棒，一部分装有第一液体化学成分，一部分装有第二液体化学成分，两种液体化学成分发生混合进行反应而发光。其中并没有清楚描述圆柱形棒采用何种结构来实现两种液体化学成分发生混合发光的。因此，权利要求4的技术方案的保护范围不清楚，不符合《专利法》第二十六条第四款的规定。

7. 权利要求 5 不符合《专利法》第二十六条第四款的规定

权利要求 5 同时引用的权利要求 1 至 4，但圆柱形棒并没有在权利要求 1 至 3 中出现过，因此权利要求 5 引用权利要求 1 至 3 时缺乏引用基础，导致权利要求的保护范围不清楚，不符合《专利法》第二十六条第四款的规定。同时，权利要求 3 限定发光装置为电子电路发光灯，而权利要求 5 限定的发光装置是化学发光的圆柱形棒，两者是矛盾的，因此权利要求 5 引用权利要求 4 时存在保护范围不清楚的缺陷，不符合《专利法》第二十六条第四款的规定。

综上所述，该专利权利要求 1、2、4、5（引用权利要求 1、2 和 4 时）不符合《专利法》第二十二条第二款有关新颖性的规定，权利要求 3 不符合《专利法》第二十二条第三款有关创造性的规定，权利要求 4 以及权利要求 5 不符合《专利法》第二十六条第四款有关权利要求清楚限定要求专利保护范围的规定。现请求宣告专利号为 202020012345.8、申请日为 2020 年 7 月 2 日、名称为"一种发光的高尔夫球"的实用新型专利全部无效。

××××专利代理机构

××××年××月××日

三、第三题参考答案

（一）权利要求书

1. 一种发光高尔夫球，其球体由透明材料制备而成，其特征在于：球体具有开口的空腔和发光装置，所述发光装置能够通过开口而插入并固定在空腔中。

2. 根据权利要求 1 所述的发光高尔夫球，其特征在于，所述空腔为圆柱形孔，所述发光装置为圆柱形发光装置。

3. 根据权利要求 1 或 2 所述的发光高尔夫球，其特征在于，所述发光装置是电子电路发光灯。

4. 根据权利要求 1 或 2 所述的发光高尔夫球，其特征在于，所述发光装置是化学发光棒。

5. 根据权利要求 4 所述的发光高尔夫球，其特征在于，所述化学发光棒是透明圆柱形棒，为中空结构，且由隔膜分隔成两个部分，一部分装有第一液体化学成分，一部分装有第二液体化学成分，两种液体化学成分发生混合进行反应而发光。

6. 根据权利要求 4 所述的发光高尔夫球，其特征在于，所述化学发光棒是透明圆柱形棒，为中空结构，其中含有第一种液体化学发光成分和胶囊，所述胶囊装有第二种液体化学发光成分；当胶囊破裂时，两种液体化学成分混合发生反应而发光。

7. 根据权利要求 2 所述的发光高尔夫球，其特征在于，所述发光装置的直径稍比空腔直径大；当通过开口插入发光装置时，通过挤压空腔壁而保持在空腔之内以实现压紧配合。

8. 根据权利要求 7 所述的发光高尔夫球，其特征在于，所述圆柱形孔是通孔。

9. 根据权利要求 2 所述的发光高尔夫球，其特征在于，所述圆柱形孔内设有内螺纹，所述发光装置设有相应的外螺纹。

10. 根据权利要求 9 所述的发光高尔夫球，其特征在于，所述发光装置的一端设有一个啮合结构，所述啮合结构被设计成与转动所述发光装置时相啮合。

11. 根据权利要求 10 所述的发光高尔夫球，其特征在于，所述啮合结构为一个凹槽。

（二）另案申请的权利要求书

1. 一种发光高尔夫球，其球体由透明材料制备而成，其特征在于：其球体内嵌入电子电路发光灯，并具有容纳可拔插非导电针的径向孔，且当非导电针插入径向孔中时，则使电子电路发光灯的电路断开而不发光；拔出非导电针时，电子电路发光灯的电路呈连接状态而发光。

2. 根据权利要求 1 所述的发光高尔夫球，其特征在于，所述电路包括发光二极管、电池和弹簧触点，当在径向孔中没有插入非导电针时，弹簧触点接触电池而使电路处于连接状态而发光；当非导电针插入径向孔中时，弹簧触点被非导电针向上顶开，而不再与电池接触，电路被断开而不发光。

3. 根据权利要求 2 所述的发光高尔夫球，其特征在于，所述发光二极管是两个，对称位于电池两侧。

4. 根据权利要求 1 至 3 任一项所述的发光高尔夫球，其特征在于，所述径向孔的最大直径是 1.5mm。

（三）关于分成两件申请的理由

技术交底书中涉及两项发明：第一项发明解决现有的发光高尔夫球只能激活发光一次，不能重复使用，导致成本高的问题，且解决制备难度大、设备要求高的问题，其采用的解决方式是"球体具有开口的空腔和发光装置，所述发光装置能够通过开口而插入并固定在空腔中"。第二项发明虽然也解决类似的技术问题，但采取的解决方式是"球体内嵌入电子电路发光灯，并具有容纳可拔插非导电针的径向孔"。由此可见两者解决技术问题的思路互不相同，两者之间不存在相同或相应的特定技术特征，不属于一个总的发明构思，不具备单一性，因此应当分别以两件申请提出。

第三套模拟试题简要解析

一、概述

由试题说明可知,要求应试者完成的工作分两部分。第一部分是无效实务,即无效宣告请求人乙公司针对甲公司拥有的实用新型专利提出的无效宣告请求,要求应试者以专利权人代理人的身份,针对该无效宣告请求提交一份意见陈述书正文;必要时,修改权利要求书(第一题)。

第二部分是撰写实务,假设以该实用新型专利文件说明书的内容作为申请人提供的技术交底书,在不考虑无效宣告请求人提供的对比文件1~2的情况下,重新为申请人撰写一份合适的发明专利申请的权利要求书。如果撰写的权利要求书包括多个独立权利要求,则简要论述具备单一性的理由;如果认为需要提交另一份或多份申请来保护进一步的发明,请说明理由,并给出针对另行提交的申请撰写的权利要求书(第二题)。

二、第一题解析要点

(一)分析无效宣告请求书及其所附证据

1. 该无效宣告请求共涉及五项无效宣告理由,其中包含有不属于《专利法》第六十五条第二款规定的无效宣告理由(权利要求3不符合《专利法》第三十一条有关单一性的规定),还有在无效宣告请求书中未作具体分析论述且在自提出无效宣告请求之日起一个月内也未作补充说明的理由(权利要求3不符合《专利法实施细则》第二十条第二款的规定),针对这些无效宣告理由应当要求国家知识产权局不予考虑。

2. 分析其他三项无效宣告理由(不具备《专利法》第二十二条第二款或第三款规定的新颖性、创造性,不符合《专利法》第二十六条第四款有关权利要求书以说明书为依据的规定或者有关未清楚限定要求专利保护范围的规定,不符合《专利法》第二条第三款有关实用新型保护客体的规定)是否成立。

(1)权利要求1中前一个技术方案(其中集球筒收集端开口表面固定有多条彼此平行且间隔小于乒乓球外径的弹力绳)相对于对比文件1不具备新颖性的无效宣告理由能够成立。

(2)正确判断非专利文献的书籍的公开日期。根据《专利审查指南》第二部分第三章的规定出版物的印刷日视为公开日,印刷日只写明年月或年份的,以所写月份的最后一日或者所写年份的12月31日为公开日。因此,在本试题中对比文件2的公开日应视为2010年7月31日,晚于本专利的申请日,未构成本专利的现有技术。鉴于此,请求书中有关权利要求1中后一个技术方案(其中集球筒收集端开口表面上设置了由两组垂直相交且各自相互平行的弹力绳织成的网格孔大小小于乒乓球外径的网格)相对于对比文件2不具备新颖性的无效宣告理由不能成立。

(3) 权利要求 2 中的一个技术方案（即与权利要求 1 中前一个技术方案相对应的）相对于对比文件 1 和本领域的公知常识不具有创造性的无效宣告理由能够成立。

(4) 权利要求 3 相对于对比文件 1 和本领域的公知常识不具备创造性的无效宣告理由能够成立。

(5) 权利要求 1 中的后一个技术方案未以说明书为依据的无效宣告理由不能成立，因为判断权利要求的技术方案是否得到说明书的支持时应当考虑整个说明书，而不是仅限于具体实施方式部分的内容。

(6) 权利要求 4 和 5 不符合《专利法》有关权利要求书应当"清楚限定要求专利保护范围"的无效宣告理由能够成立。但是，权利要求 6 仅仅是撰写格式存在缺陷，其专利保护范围还是清楚的，因此应当认为权利要求 6 未清楚限定要求专利保护范围的无效宣告理由不能成立。

(7) 权利要求 4 至 6 中虽然对其中的材料作出了限定，但所限定的是已知材料，不是对材料本身作出的改进，因而属于实用新型专利保护客体。因此，权利要求 4 至 6 不符合《专利法》第二条第三款规定的无效宣告理由不能成立。

(二) 根据分析结果确定如何修改权利要求书

根据上述分析结果，应当对权利要求书进行修改。

(1) 原权利要求 1 中有两个并列技术方案。考虑到前一个技术方案有关不具备新颖性的无效宣告理由能够成立，而后一个技术方案有关不具备新颖性的无效宣告理由不能成立，且请求书中未针对权利要求 1 提出不具备创造性的无效宣告理由，因此确定对权利要求 1 进行修改，删去前一个技术方案，保留后一个技术方案。这样修改后，还可继续保留原权利要求 2，即相当于保留了原权利要求 2 引用权利要求 1 中后一个技术方案的这一部分。

(2) 考虑到原权利要求 3 不具备创造性的无效宣告理由能够成立，权利要求 4 至 6 不符合《专利法》第二条第三款规定的无效宣告理由不能成立，权利要求 4 和 5 不符合《专利法》第二十六条第四款的无效宣告理由能够成立，对原权利要求 4 和 5 采用合并式修改的方式就能消除原权利要求 4 和原权利要求 5 所存在的缺陷，且能具备创造性，因此对本实用新型专利的第二组发明采用如下修改方式：删去原权利要求 3，将原权利要求 4 和 5 合并并改写成新修改的权利要求 3，将权利要求 6 改写成引用新修改的权利要求 3 的从属权利要求 4，即将原权利要求 4 和 6 合并成新修改的权利要求 4。

(三) 针对修改后的权利要求书撰写意见陈述书

对权利要求书作出修改后，针对新修改的权利要求书撰写意见陈述书。

(1) 撰写的意见陈述书应当符合格式要求。

(2) 由于对权利要求书作出的修改，在起始段后对修改作出说明，并说明所作修改符合《专利法》《专利法实施细则》和《专利审查指南》中有关无效宣告程序专利文件修改的规定。

(3) 对请求书中的各项无效宣告理由逐项作出说明。其中，关于要求国家知识产权局不予考虑的两项无效宣告理由，只要简明地给出国家知识产权局应当不予考虑的理由即可。对于修改后的权利要求书，具体说明所作修改为何已消除了请求书中所指出的实质性缺陷。至于那些不能成立的无效宣告理由，应当重点加以说明，例如：针对修改后的权利要求1相对于对比文件2具备新颖性时，应当明确指出对比文件2未构成现有技术，并具体说明理由；针对修改后的权利要求1和3分别论述其符合《专利法》第二十六条第四款的规定，论述修改后的权利要求3和4符合《专利法》第二条第三款的规定时，引用《专利审查指南》中必要的规定来支持所主张的观点。

三、第二题解析要点

对于第二题来说，要读清试题要求：以原专利文件的技术内容重新撰写一份发明专利申请的权利要求书，现有技术仅仅是专利说明书中提到的两份背景技术，不包括无效宣告请求人提交的两篇对比文件。

（一）仔细阅读原专利文件的技术内容，理解发明创造

（1）通过阅读原专利文件的说明书，可知本发明创造涉及一项主题：捡拾乒乓球、网球的器具（根据说明书最后一段，可以确定主题名称为捡球器）。

（2）在说明书中，给出三种实施方式。通过对这三种实施方式的对比分析，得知三者是并列的实施方式，可对这三种实施方式的不同之点采用概括方式加以表述，由此确定本申请权利要求书的总体布局：撰写一项能将三种实施方式均概括在其保护范围内的独立权利要求，在此基础上再针对三种实施方式分别撰写从属权利要求。

（3）这三种实施方式中的捡球器相对于现有技术主要作出一个方面的改进，能方便地将散落在地的球收集起来；所作出的另一方面的改进是方便将收集到的球取出，这是在前一方面改进的基础上作出的进一步改进，由此可知，本发明创造仅涉及一项发明。

（二）撰写独立权利要求

（1）考虑到本发明不仅可以用来收集乒乓球，还可以用来收集网球等球状物体，应当将本发明要求保护的技术方案的主题名称确定为"捡球器"。

（2）本发明相对于已有捡球器而言，为了能方便地收集球，不仅要能使球很容易地进入集球筒，而且还必须使球不会自动掉出。为此，三种实施方式采用了不同的技术措施对捡球器的收集端开口进行了改进。考虑到这三种不同技术措施均是利用弹性物体形成的开口具有"可进入不可出"的功能，因此需要在独立权利要求中对这三种不同技术措施采用合理概括的技术特征加以表述。通过分析可知，第一、三种实施方式的共同特征可以概括为：在集球筒收集端的开口表面设有弹性材料构成的部件，该部件上具有比球外径小的空隙，从而通过挤压能将球压入集球筒（这可从技术交底材料第［0008］段所描述的内容得知）。但这样显然不适合于第二种实施方式，因此，需要针对第二种实施方式撰写另一项独立权利要求。

（三）撰写从属权利要求

关于从属权利要求的撰写，需要将重点的技术特征，以及在独立权利要求不具备新颖性或

创造性时能够提供修改余地的技术特征，作为附加技术特征来撰写从属权利要求。

对于概括了第一、三种实施方式的独立权利要求而言，从属权利要求撰写考虑下述两个方面：

（1）首先，应当针对这两种实施方式在集球筒收集端的不同结构，撰写第一层级的从属权利要求。由于在第一种实施方式中实际上包括两种不同的结构，因而可撰写三项并列的引用权利要求1的从属权利要求。

（2）然后针对其中各种实施方式各自的进一步改进（如第三种实施方式中弹性片的优选）或者针对三者共同的改进（有关手柄的具体结构、手柄与集球筒的连接方式）撰写下一层级的从属权利要求。

对于第二种实施方式的独立权利要求，本身具有进一步优选的方式（参见技术交底材料第[0017]段最后一句）。此外，对于手柄与集球筒之前连接关系等，也同样可以采取如第一、三种实施方式所适用的优选方式。基于这些考虑，可以撰写相关的从属权利要求。

（四）关于合案申请或另行提交申请的理由

正如前面（一）中所述，技术交底材料中涉及两项发明，且撰写了两项独立权利要求，因此还需要判断是合案申请还是需要另行提交申请。从上述分析可知，这两项发明的共同点是在收集端设置有弹性部件，并且形成球能够被挤压进入集球筒，但不能自行掉出的结构。这种方式在技术交底材料中提供背景技术时没有提到，故两者的具体结构特征构成了相应的特定技术特征，两者具备单一性，可以合案申请。

参考答案

一、第一题参考答案

（一）修改后的权利要求书

1. 一种乒乓球捡拾器，包括手柄（1）和集球筒（2），手柄（1）与集球筒（2）相连接，其特征在于：集球筒（2）的收集端（22）开口表面设置了由两组大体垂直相交且各自相互平行的弹力绳织成的网格孔大小略小于乒乓球外径的网格。

2. 如权利要求1所述的乒乓球捡拾器，其特征在于：所述手柄（1）为两端敞开的中空杆，手柄（1）的内径略大于乒乓球外径，所述手柄（1）与集球筒（2）活动连接，并使两者的内腔相连通。

3. 一种乒乓球捡拾器，包括手柄（1″）和集球筒（2″），其特征在于：所述手柄（1″）为两端敞开的中空杆，手柄（1″）的内径略大于乒乓球外径，所述集球筒（2″）的顶部具有连接端（21″），以该连接端（21″）与手柄（1″）活动连接，并使手柄（1″）和集球筒（2″）的内腔相连通，所述集球筒（2″）的收集端（22″）上设有一块尺寸与该收集端（22″）开口表面相配的弹性橡胶片（5″），所述弹性橡胶片（5″）上开有一个直径略小于乒乓球外径的圆形收集口（51″）。

4. 如权利要求3所述的乒乓球捡拾器，其特征在于：所述弹性橡胶片也可以是弹性薄钢片。

（二）针对无效宣告请求的意见陈述书正文

国家知识产权局：

专利权人收到国家知识产权局转来的、请求人乙公司针对本专利提出的《专利权无效宣告请求书》及所附的对比文件1、2和3。现答复如下。

一、修改说明

专利权人对权利要求书进行了修改，将授权公告的权利要求1中两个并列技术方案中涉及集球筒的收集端开口表面固定有多条平行的弹力绳的技术方案删除。

删除独立权利要求3，将权利要求4和5合并形成新的独立权利要求3，并将原权利要求6修改为引用新修改的权利要求3的从属权利要求4。

上述修改仅仅涉及删除技术方案和从属权利要求的合并（对权利要求进一步限定式修改），并且是在答复无效宣告请求书的期限内作出的，符合《专利法》、《专利法实施细则》和《专利审查指南》中关于无效宣告程序中对专利文件进行修改的各项规定。

二、关于新颖性

（1）修改后的权利要求1中限定："集球筒（2）的收集端（22）开口表面设置了由两组垂直相交且各自相互平行的弹力绳织成的网格孔大小小于乒乓球外径的网格"，对比文件1中仅公开了收集筒的底面上设置了多条弹性橡皮绳，这些橡皮绳是平行的，并没有披露将两组垂直相交、且各自相互平行的弹力绳织成网格的有关内容。因此，权利要求1相对于对比文件1具备《专利法》第二十二条第二款规定的新颖性。

（2）对比文件2由于其公开出版时间为2020年7月，在没有具体日期的基础上，应当视为当月最后一日公开。而且无效宣告请求人也没有提供证据表明其在本专利的申请日前公开，故对比文件2未构成本专利的现有技术，不能作为评价本专利新颖性和创造性的证据。因此，关于权利要求1相对于对比文件2不具备新颖性的无效宣告理由不能成立。

（3）对比文件3是中国实用新型专利，其申请日为2020年6月8日，早于本专利的申请日（2020年7月2日），授权公告日为2020年10月8日，晚于本专利的申请日，因此只能用于评价本专利是否具备新颖性，不能用于评价本专利的创造性。并且由于对比文件3涉及的是篮球收纳装置，与本专利的乒乓球捡拾器属于不同的技术领域，也没有公开手柄这一技术特征，因此对比文件3也不能影响本专利的新颖性，权利要求1相对于对比文件3不具备新颖性的无效宣告理由不成立。

三、修改后的权利要求1、3和4符合《专利法》第二十六条第四款的规定

（1）请求人认为在本专利说明书的实施方式部分未对原权利要求1的技术方案之一（即修改后的权利要求1）作出具体说明，也未给出反映这种乒乓球捡拾器具体结构的附图，致使权利要求1的上述技术方案得不到说明书的支持。但是，在判断权利要求是否得到说明书的支持时，应当考虑说明书的全部内容，而不是仅限于具体实施方式部分的内容。本专利说明书中虽然未给出反映这种乒乓球捡拾器的附图，但在说明书第[0005]段中已明确给出这种技术方案，能

够解决所述技术问题，达到所述技术效果，应当认为修改后的权利要求1得到说明书的支持，符合《专利法》第二十六条第四款的规定，因此请求人的上述无效宣告理由不能成立。

(2) 请求人指出原权利要求4和5存在未清楚要求专利保护范围的缺陷。由于修改后的权利要求3由原权利要求4和5合并而成，明确限定了弹性橡胶片与其他部件之间的关系，清楚地限定了要求专利保护的范围，因此修改后的权利要求3已消除了无效宣告请求书中有关权利要求4和5未清楚限定专利保护范围的缺陷，致使该无效宣告理由不再成立。

(3) 请求人指出权利要求6（即相当于修改后的权利要求4）不符合《专利法》第二十六条第四款有关权利要求应当清楚限定要求专利保护范围的规定。但权利要求4的撰写采用了技术特征替代的撰写方式，属于一种形式上是从属权利要求、实际上是独立权利要求的撰写方式，本领域技术人员能够清楚理解其限定的保护范围，因此请求人的上述无效宣告理由不能成立。

四、修改后的权利要求2具备创造性

请求人针对原权利要求2提出其不具备创造性的无效宣告理由。由于修改后的权利要求1中已删除涉及集球筒的收集端开口表面固定有多条平行弹力绳的技术方案，因此该无效宣告理由所针对原权利要求2的技术方案已被删除，因而相应的无效宣告理由已不再存在。

五、修改后的权利要求3具备创造性

请求人针对原权利要求3提出其不具备创造性的无效宣告理由。修改后的权利要求3与对比文件1公开的技术方案的区别在于：集球筒的收集端上设有一块尺寸与该收集端开口表面相配的弹性橡胶片，弹性橡胶片上开有一个直径略小于乒乓球外径的圆形收集口，而对比文件1采用的是平行橡皮绳。基于上述区别技术特征，本实用新型解决的技术问题是提供另一种乒乓球捡拾器，不仅捡拾方便，而且结构更简单，制作更方便。由于对比文件1中并没有公开采用开有收集口的弹性橡胶片，本领域技术人员也不能依据本领域公知常识将对比文件1公开的多条平行橡皮绳改变为开有收集口的弹性橡胶片。由此可知，本领域技术人员根据对比文件1和本领域的公知常识，不能得到权利要求3技术方案，即对本领域的技术人员来说，权利要求3的技术方案是非显而易见的，具有实质性特点。而权利要求3提供了一种不同构思、结构更简单、制作更方便的技术方案，具有进步。因此，修改后的权利要求3相对于对比文件1和本领域的公知常识，具备《专利法》第二十二条第三款规定的创造性。

六、修改后的权利要求3和4符合《专利法》第二条第三款的规定

请求人提出原权利要求4至6（相当于修改后的权利要求3和4）包含有材料特征而认为其不符合《专利法》第二条第三款的规定。但是，这些权利要求中的弹性橡胶片和弹性薄钢片是已知材料，修改后的权利要求3和4是将这些已知的材料应用于具有形状构造的产品上。根据《专利审查指南》的有关规定，这种情形不属于对材料本身提出的改进。因而修改后的权利要求3和4属于实用新型专利保护客体。由此可知，请求人的上述无效宣告理由不能成立。

七、其他无效宣告理由

(1)《专利法》第三十一条第一款不属于《专利法实施细则》第六十五条第二款规定的无效宣告理由，因此请求国家知识产权局对该理由不予考虑；

(2) 无效宣告请求书中提出权利要求3不符合《专利法实施细则》第二十条第二款规定的无效宣告理由，由于在请求书中没有具体陈述理由，也未在自提出无效宣告请求之日起一个月

内进行补充说明，因此请求国家知识产权局对该理由不予考虑。

综上所述，对于修改后的权利要求1至4，请求人的上述无效宣告理由不成立或者不再成立。请国家知识产权局在修改后的权利要求书（修改后的权利要求1至4）和授权公告的说明书的基础上维持本专利有效。

专利权人：甲公司
××××年×月×日

二、第二题参考答案

（一）权利要求书

下面提供的重新撰写的权利要求书的参考答案，体现了权利要求书的主要撰写要点。其并非完美，也不排除有其他更好的答案。作为模拟题，读者可体会其撰写要点。

1. 一种捡球器，其包括手柄（1，1″）和集球筒（2，2″），所述手柄（1，1″）连接于所述集球筒（2，2″）的连接端（21，21″），其特征在于：在所述集球筒（2，2″）的收集端（22，22″）的开口表面设有由弹性材料构成的部件，该部件上具有比球外径要小的空隙，从而通过挤压能将球压入集球筒（2，2″）。

2. 如权利要求1所述的捡球器，其特征在于：所述弹性材料构成的部件是指在集球筒（2）的收集端（22）的开口表面固定有多条平行弹力绳（4），每两条相邻弹力绳（4）的间距小于球的外径。

3. 如权利要求1所述的捡球器，其特征在于：所述弹性材料构成的部件是指在集球筒（2）的收集端（22）的开口表面上设置了由两组大体垂直相交且各自相互平行的弹力绳织成的网格孔大小略小于球外径的网格。

4. 如权利要求1所述的捡球器，其特征在于：所述弹性材料构成的部件是指设置在所述集球筒（2″）的收集端（22″）表面开口处的弹性片（5″），在该弹性片（5″）上开有至少一个直径略小于球外径的圆形收集口（51″）。

5. 如权利要求4所述的捡球器，其特征在于：所述弹性片（5″）为弹性橡胶片。

6. 如权利要求1至5中任一项所述的捡球器，其特征在于：所述手柄（1，1″）为两端敞开的中空杆，其内径略大于球的外径，所述集球筒（2，2″）的连接端（21，21″）与所述手柄（2，2″）相连接，使所述集球筒（2，2″）的内腔与所述手柄（1，1″）的内腔相连通。

7. 如权利要求6所述的捡球器，其特征在于：所述集球筒（2，2″）的连接端与所述手柄（1，1″）的连接为活动连接。

8. 如权利要求6所述的捡球器，其特征在于：所述手柄（1，1″）的上端设有螺旋上盖。

9. 一种捡球器，其包括手柄（1′）和集球筒（2′），所述手柄（1′）连接于所述集球筒（2′）的连接端（21′），其特征在于：在所述集球筒（2′）的收集端（22′）表面开口处的筒盖（5′），在该筒盖（5′）上开有至少一个尺寸比球大的收集口（51′），在收集口（51′）处设置一个弹性片（6′），其一端固定在该筒盖（5′）上，另一端伸至收集口（51′）中，使得通过挤压而能将球压入集球筒（2′）。

10. 如权利要求 9 所述的捡球器，其特征在于：所述的筒盖（5'）上有多个尺寸比球大的收集口（51'），在每个收集口（51'）处设置一个弹性片（6'），其一端固定在该筒盖（5'）上，另一端伸至收集口（51'）中，使得通过挤压而能将球压入集球筒（2'）。

11. 如权利要求 9 所述的捡球器，其特征在于：所述弹性片（5"）为弹性薄钢片（6'）。

12. 如权利要求 9 所述的捡球器，其特征在于：所述集球筒（2，2"）的连接端与所述手柄（1，1"）的连接为活动连接。

13. 如权利要求 9 所述的捡球器，其特征在于：所述手柄（1，1"）的上端设有螺旋上盖。

14. 如权利要求 9 至 12 中任一项所述的捡球器，其特征在于：所述手柄（1，1'，1"）为两端敞开的中空杆，其内径略大于球的外径，所述集球筒（2，2'，2"）的连接端（21，21'，21"）与所述手柄（2，2'，2"）相连接，使所述集球筒（2，2'，2"）的内腔与所述手柄（1，1'，1"）的内腔相连通。

（二）关于合案申请的理由

技术交底书中涉及两项发明，对应于权利要求书中两项独立权利要求即权利要求 1 和 9。相对于背景技术而言，权利要求 1 中的"收集端（22，22"）的开口表面设有由弹性材料构成的部件，该部件上具有比球外径要小的空隙，从而通过挤压能将球压入集球筒（2，2"）"，权利要求 9 中的"在收集端（22'）表面开口处的筒盖（5'），在该筒盖（5'）上开有至少一个尺寸比球大的收集口（51'），在收集口（51'）处设置一个弹性片（6'），其一端固定在该筒盖（5'）上，另一端伸至收集口（51'）中，使得通过挤压而能将球压入集球筒（2'）"，分别构成各自的特定技术特征。而这两项发明的共同点是在收集端设置有弹性部件，并且形成通过挤压能够使球进入集球筒但不能自行掉出的结构。这种方式在技术交底材料中提供背景技术时没有提到，因而上述两项权利要求的特定技术特征属于相应的特定技术特征，两者属于一个总的发明构思，两者具备单一性，可以合案申请。

第四套模拟试题简要解析

一、概述

该试题共有三道题目,涉及无效实务和申请实务两个部分。

第一题是无效实务部分。第一题要求应试者根据客户提供的资料,为客户撰写一份无效宣告请求书。该题全面考查了应试者对于专利代理实务中经常涉及的几个基本法律概念,包括新颖性、创造性、权利要求是否清楚、是否享有优先权以及是否得到说明书支持等内容的掌握程度以及灵活运用的能力。应试者作为无效宣告请求人的专利代理师,要条理清晰,有理有据地分析客户提供的资料,选择能成功地将涉案专利宣告无效的最有力证据并提出最具说服力的理由。

第二题和第三题为申请实务部分。第二题采用撰写发明专利申请的权利要求书这种专利代理实务中最基本的形式,主要考查应试者撰写权利要求书的基本技巧,要求在满足《专利法》及《专利法实施细则》有关规定的前提下,撰写合适范围的独立权利要求和若干项逻辑清楚、层次分明的从属权利要求。一方面,此题要求应试者要具有总结归纳的能力,能根据客户所提供的各类素材,总结归纳后为客户的每一项发明寻求一个最合理范围的专利保护。另一方面,也要求应试者能够撰写出有层次、有梯度、逻辑严谨、结构清楚的系列从属权利要求,从而保证权利的稳定性。该题还要求应试者对撰写的独立权利要求进行分析,并陈述分案或合案申请的理由,主要是考查应试者对单一性的理解和实际运用能力。第三题要求应试者分析其在第二题中撰写的主要发明的独立权利要求相对于现有技术是否具备新颖性和创造性,主要用于考查应试者对于新颖性、创造性法条的掌握和实际运用能力。

二、第一题解析要点

该模拟试题的第一题要求应试者根据题目给出的素材为客户撰写无效宣告请求书。题目中给出五份素材:附件1是欲宣告无效的专利文件,附件2至4是客户提供的三份专利文献,附件5是欲宣告无效专利(附件1)的优先权文件。

在撰写无效宣告请求书之前,需要认真阅读题目中给出的五份素材,全面了解欲宣告无效的专利(附件1)和所有证据(附件2至5)的相关内容,并按照以下思路和步骤进行分析。

1. 判断附件2至4能否构成附件1的现有技术

附件2的申请日(2016年12月23日)早于附件1的优先权日(2017年1月11日),其授权公告日(2017年8月22日)在附件1的优先权日(2017年1月11日)和申请日(2017年10月12日)之间,因此,需要进一步核实附件1的优先权是否成立,才能确定附件2能否构成附件1的现有技术。

附件3的申请日（2016年10月31日）早于附件1的优先权日（2017年1月11日），其授权公告日（2017年2月19日）在附件1的优先权日（2017年1月11日）和申请日（2017年10月12日）之间，因此，需要进一步核实附件1的优先权是否成立，才能确定附件3能否构成附件1的现有技术。

附件4的申请日（2012年5月31日）早于附件1的优先权日（2017年1月11日），其授权公告日（2013年10月19日）早于附件1的优先权日（2017年1月11日），因此，无论附件1的优先权是否成立，附件4都构成附件1的现有技术。

2. 核实附件1的优先权是否成立

核实优先权应当从期限和主题两方面考虑。附件1的申请日（2017年10月12日）距其优先权日（2017年1月11日）在12个月内，期限上满足享有优先权的条件。附件1包括5项权利要求，其中权利要求1的技术主题记载在优先权文件附件5中。因此，权利要求1可以享有优先权，从期限和技术主题看附件2不构成权利要求1的抵触申请，附件3构成权利要求1的抵触申请，附件3可以用来评价权利要求1的新颖性。

权利要求书2至5的技术主题未记载在附件5中，因此，权利要求书2至5不能享有优先权，附件2至4构成权利要求2至5的现有技术，可以用来评价其新颖性和创造性。

3. 分析附件1的权利要求是否存在新颖性、创造性问题

附件2至4公开的技术内容，与附件1的权利要求1至4进行对比（具体请参见无效宣告请求书范文），结论是附件3能够影响权利要求1的新颖性，附件2和附件3的结合影响权利要求2的创造性，附件3和附加4的结合影响权利要求4的创造性。附件2至4以及其结合均不能影响权利要求3和5的新颖性和创造性。

4. 分析附件1的权利要求是否存在其他可以提出无效宣告请求的缺陷

接下来，应重点关注权利要求3和5是否存在其他实质性缺陷。分析可知，权利要求1存在缺少必要技术特征的问题，权利要求2存在未以说明书为依据的问题，权利要求3存在引用关系错误和未以说明书为依据的问题，权利要求5存在未以说明书为依据的问题。此外，权利要求3还存在主题名称不一致的问题，不符合《专利法实施细则》第二十二条第一款的规定；权利要求5还存在多项从属权利要求引用在前的多项从属权利要求的缺陷，不符合《专利法实施细则》第二十二条第二款的规定。但上述两条款不属于《专利法实施细则》第六十五条第二款规定的无效宣告请求理由。

5. 确定无效宣告请求的范围、理由和证据的使用

在前述分析的基础上，可以确定无效宣告请求的范围、理由和证据的使用为：权利要求1相对于附件3不具备新颖性，权利要求1缺少必要技术特征；权利要求2相对于附件2和附件3的结合不具备创造性，权利要求2未以说明书为依据；权利要求3存在引用关系问题并未以说明书为依据；权利要求4相对于附件3和4的结合不具备创造性；权利要求5未以说明书为依据。

6. 准备无效宣告请求书的具体撰写

根据《专利法》、《专利法实施细则》及《专利审查指南》的规定，撰写无效宣告请求书时应明确无效宣告请求的对象、范围，并结合证据具体说明无效宣告理由；评价新颖性时体现单

独对比原则，评价创造性时严格按照"三步法"进行；所撰写的无效宣告请求书应当条理清楚、逻辑性强、有理有据、行文流畅。

三、第二题解析要点

模拟题的第二题要求应试者根据题目给出的素材为客户撰写发明专利申请的权利要求书，并回答客户提出的有关权利要求书撰写的问题。应试者应根据试题所给出的素材，撰写出既符合《专利法》、《专利法实施细则》及《专利审查指南》相关规定，又具有尽可能宽的保护范围以最大限度地维护申请人利益的权利要求书。

撰写权利要求书和回答问题时，按照下述思路和步骤进行思考。

1. 确定技术交底材料相对于现有技术所解决的技术问题

本模拟题附件6是技术交底材料，附件1至5构成现有技术。通读全部技术方案后，能够确定附件6相对于现有技术的改进点在两方面：一是解决现有技术中清洗起来很不方便、且易产生卫生死角、滋生细菌的问题；二是解决在切水果时汁液四处飞溅的问题。而在附件6的四种实施例中，实施例一至三能够解决上述第一个技术问题；实施例四能够解决上述第二个技术问题，可以以"水果分离器"作为要求专利保护的主题。

2. 确定独立权利要求的保护范围

附件6给出了四种实施例，其中实施例一至三结构类似，发明构思一致，均采用可拆卸的方式将切割刀具（分割刀）安装在刀筒中。区别在于，实施例一采用了在刀筒内表面设置有U形凹槽，使用时通过将切割刀具的若干个刀片插入相应的若干个U形凹槽中，进而将切割刀具安装在刀筒中；实施例二采用了螺旋的方式将分割刀安装在刀筒的开口端处；实施例三是在实施例二的基础上，保持分割刀安装在刀筒的开口端处的方式不变，对分割刀的结构进行改进，使得其能够切无核的水果。因此，可以对实施例一和中切割刀具的安装方式进行概括，形成一个较上位的独立权利要求，使得其能够解决第一个技术问题。

实施例四与实施例一和二需要解决的技术问题不同，导致发明构思不同。实施例四包括刀桶和切割结构，刀桶的上端开口，切割结构安装在刀桶中并在其内部上下移动。因此实施例四不适合与实施例一至三进行概括，故应将实施例四单独撰写独立权利要求，使得其能够解决第二个技术问题。

3. 确定独立权利要求之间是否符合单一性要求

由上可知，技术交底材料中涉及上述两个技术问题，可以形成用于分别解决每个技术问题的两个独立权利要求。其中，为了解决"清洗起来很不方便"的技术问题，技术交底材料给出了三个实施例，概括后撰写出一个独立权利要求。为了解决"切水果时汁液四处飞溅"的技术问题，技术交底材料给出了一个实施例，可以撰写出一个独立权利要求。这样，根据技术交底材料的内容，可以撰写出两个独立权利要求。此时，就需要进行独立权利要求之间是否具备单一性的判断，以确定是提出一份专利申请，还是提出两份专利申请。

由于涉及解决不同技术问题的两个独立权利要求之间没有相同和相应的特定技术特征，应当分别以不同的申请提出。

4. 根据实施例撰写适当数量的从属权利要求

针对实施例一和二概括的独立权利要求，通过对"切割刀具和分割刀"进行进一步限定，得到两个并列的从属权利要求，分别对应于有核分割刀和无核分割刀。需要说明的是，有核分割刀包括实施例一中的结构和实施例二中的结构，无核分割刀包括实施例三中的结构。

根据实施例一和二概括的独立权利要求，对有核分割刀和无核分割刀的安装方式进行进一步限定。针对有核分割刀的安装方式得到两个并列的从属权利要求，分别对应于实施例一和二的安装方式。无核分割刀的安装方式对应于实施例三。

针对实施例四的独立权利要求，对"切割结构"进行进一步限定，得到三个并列的从属权利要求，分别对应于实施例四中的结构、附件1中的结构和附件4中的结构。

四、第三题解析要点

本题要求简述所撰写的独立权利要求相对于现有技术具备新颖性和创造性的理由。该题的主要目的之一是考查应试者对于新颖性"单独对比"判断原则的具体运用。单独对比是指在新颖性判断中，不能将几项现有技术或者一份对比文件中的多项技术方案进行组合对比。该题的主要目的之二是考查应试者对于创造性的理解，尤其是考查一项发明权利要求具备创造性必须同时满足突出的实质性特点和显著的进步两个条件，以及运用"三步法"评述创造性的掌握情况。

参考答案

一、第一题参考答案（无效宣告请求书）

国家知识产权局：

请求人A公司根据《专利法》第四十五条及《专利法实施细则》第六十五条的规定，针对专利权人为B公司、名称为水果切分器、专利号为201720233646.0的实用新型专利提出无效宣告请求，请求宣告该专利全部无效。

一、请求人提交的证据如下：

附件1（涉案专利）：实用新型名称：水果切分器，申请日：2017.10.12，授权公告日：2018.05.01

附件2：实用新型名称：一种水果刀，申请日：2016.12.23，授权公告日：2017.08.22

附件3：实用新型名称：切水果刀，申请日：2016.10.31，授权公告日：2017.02.19

附件4：实用新型名称：速切水果器，申请日：2012.05.31，授权公告日：2013.10.19

附件5：涉案专利的优先权文件（中文译文），优先权日：2017.01.11

经比对，由于涉案专利（附件1）权利要求1的技术方案与附件5（优先权文件）记载的方案是相同的，并且涉案专利的申请日在该优先权文件申请日之后的十二个月内，所以涉案专利的权利要求1可以享受附件5的优先权。由于附件2和3的申请日在该优先权日之前，授权公告日在该优先权日之后，且三件申请均是向国家知识产权局提出的，因此附件2和3仅能用于评价涉案专利权利要求1的新颖性。

涉案专利权利要求2至5记载的技术特征，如环状切刀、轴杆上端、防滑凸起结构与横直柄把连接等，在涉案专利的优先权文件中没有披露，因此涉案专利的权利要求2至5不能享有附件5的优先权，其新颖性、创造性的判断时间应当以涉案专利的实际申请日为准。由于附件2和3的授权公告日早于涉案专利的申请日，因此附件2和3构成涉案专利权利要求2至5的现有技术。

由于附件4的授权公告日早于涉案专利的申请日，因此附件4是涉案专利的现有技术。

二、具体的无效宣告理由

1. 权利要求1不具备新颖性，不符合《专利法》第二十二条第二款的规定

《专利法》第二十二条第二款规定，新颖性，是指该发明或者实用新型不属于现有技术；也没有任何单位或者个人就同样的发明或者实用新型在申请日以前向国务院专利行政部门提出过申请，并记载在申请日以后公布的专利申请文件或公告的专利文件中。

权利要求1要求保护一种水果切分器。附件3公开了一种切水果刀，并具体公开了如下技术特征，包括数块伞状分布的切刀、切刀的下边沿设有刀刃，还包括把手，把手包括轴杆和柄把，把手的端部连接数块伞状分布的切刀，轴杆2的前端与数块伞状分布的切刀3的中心位置连接（相当于把手的端部连接有数块伞状分布的所述切刀）。

由此可见，权利要求1要求保护的技术方案同附件3公开的内容相比，技术方案相同，且二者属于相同的切水果刀的技术领域，二者解决的技术问题相同，即如何一次性地把水果分切成几块，取得了相同的提高切水果效率的技术效果。因此，附件3构成权利要求1的抵触申请，即权利要求1相对于附件3不具备新颖性，不符合《专利法》第二十二条第二款的规定。

2. 权利要求1缺少必要技术特征，不符合《专利法实施细则》第二十条第二款的规定

《专利法实施细则》第二十条第二款规定，独立权利要求应当从整体上反映发明或者实用新型的技术方案，记载解决技术问题的必要技术特征。

本专利要解决的技术问题是，使用普通切刀只能一刀一刀地分切，既难以分切均匀，在切水果时还会因为水果用手掌握而不安全。为了解决上述技术问题，由说明书所描述的可知，本专利的水果切分器包括数块伞状分布的切刀3，切刀3的下边沿设有刀刃31，还包括把手，把手的端部连接有数块伞状分布的切刀3，把手竖着设置，把手包括轴杆2和柄把1。若切刀3的下边沿未设有刀刃31，是无法解决本专利要解决的技术问题的。因此，切刀3的下边沿设有刀刃31是必要技术特征，而独立权利要求1没有包含该技术特征，不能构成完整的技术方案，不符合《专利法实施细则》第二十条第二款的规定。

3. 权利要求2不具备创造性，不符合《专利法》第二十二条第三款的规定

《专利法》第二十二条第三款规定，创造性，是指同现有技术相比，该发明具有突出的实质性特点和显著的进步，该实用新型具有实质性特点和进步。

由于附件3与涉案专利属于相同的技术领域，解决的技术问题相同，且公开了涉案专利最多的技术特征，因此可以认为附件3构成涉案专利最接近的现有技术。

附件3要求保护一种切水果刀，并具体公开了如下技术特征：切水果刀包括数块伞状分布

的切刀，切刀的下边沿设有刀刃，还包括把手，把手的端部连接有数块伞状分布的切刀，把手包括轴杆和柄把，轴杆的后端与横置的柄把连接，轴杆的前端与数块伞状分布的切刀的中心位置连接（相当于把手的端部连接有数块伞状分布的所述切刀）。由此可见，权利要求2的技术方案同附件3的区别技术特征是：包括环形切刀，数块伞状分布的所述切刀安装在所述环形切刀的内部。基于上述区别技术特征，权利要求2相对于附件3解决的技术问题是：如何防止在切水果时汁液四处飞溅。

附件2公开了一种水果刀，并具体公开了数块伞状分布的切刀安装在环形切刀的内部。从附件2的说明书可知，环形切刀在附件2中的作用是：切水果时的汁液被环形切刀挡住，有效地防止了汁液四处飞溅。由此可见，环形切刀在附件2中的作用与在权利要求2中的作用一样，附件2给出了将上述技术特征应用于附件3以解决上述技术问题的启示，在附件3的基础上结合附件2得到权利要求2的技术方案对本领域技术人员来说是显而易见的，且所获得的技术效果也是可以预期的。

因此，权利要求2的技术方案相对于附件2和3的结合不具有实质性特点和进步，即权利要求2不具备创造性，不符合《专利法》第二十二条第三款的规定。

4. 权利要求2没有以说明书为依据，不符合《专利法》第二十六条第四款的规定

根据专利说明书记载的内容可知，为了切出的水果既美观又规整，需要环形切刀4的下部设置有环形刀刃，如果权利要求2的技术方案缺少了该技术特征，则无法实现"切出的水果既美观又规整"的目的。在权利要求2的保护范围中包括环形切刀的下部没有设置有环形刀刃这一技术特征，因此权利要求2没有以说明书为依据，不符合《专利法》第二十六条第四款的规定。

5. 权利要求3不具备创造性，不符合《专利法》第二十二条第三款的规定

权利要求3进一步限定环形切刀的材料为钛合金。但钛合金是公知用于制备刀具的材料，因此，在其引用的权利要求2不具备创造性时，权利要求3也不具备创造性。

6. 权利要求3没有以说明书为依据，不符合《专利法》第二十六条第四款的规定

权利要求3引用权利要求1或2，其进一步限定的附加技术特征环形切刀，在其引用的权利要求1中没有出现，因此权利要求3引用权利要求1的技术方案缺乏引用基础，导致权利要求3引用权利要求1的技术方案不清楚，不符合《专利法》第二十六条第四款的规定。

权利要求3中出现的"优选α钛合金"，在该权利要求中限定了两个不同的保护方案，因此导致权利要求3的保护范围不清楚，不符合《专利法》第二十六条第四款的规定。

7. 权利要求4不具备创造性，不符合《专利法》第二十二条第三款的规定

由于附件3与涉案专利属于相同的技术领域，解决的技术问题相同，且公开了涉案专利最多的技术特征，因此附件3构成涉案专利最接近的现有技术。

附件3涉及一种切水果刀，并具体公开了如下技术特征：切水果刀包括数块伞状分布的切刀，切刀的下边沿设有刀刃，还包括把手，把手的端部连接有数块伞状分布的切刀，把手包括轴杆和柄把，轴杆的后端与横置的柄把连接，轴杆的前端与数块伞状分布的切刀的中心位置连接（相当于把手的端部连接有数块伞状分布的所述切刀）。由此可见，权利要求4的技术方案同附件3的区别技术特征是：在所述柄把上设置有防滑凸起结构。基于上述区别技术特征，权利

要求 2 相对于附件 3 解决的技术问题是：如何防止水果切分器在使用时从使用者手中脱落。

附件 4 公开了一种水果刀，并具体公开了技术特征防滑凸起结构，在柄把上设置有防滑凸起结构。从附件 4 的说明书可知，防滑凸起结构在附件 4 中的作用是：有效地防止速切水果器从使用者手中脱落。由此可见，防滑凸起结构在附件 4 中的作用与在权利要求 4 中的作用一样，附件 4 给出了将上述技术特征应用于附件 3 以解决上述技术问题的启示，在附件 3 的基础上结合附件 4 得到权利要求 4 的技术方案对本领域技术人员来说显而易见，且获得的技术效果也是可以预期的。

因此，权利要求 4 的技术方案相对于附件 3 和 4 的结合不具有实质性特点和进步，即权利要求 4 不具备创造性，不符合《专利法》第二十二条第三款的规定。

8. 权利要求 5 未以说明书为依据，不符合《专利法》第二十六条第四款的规定

根据说明书记载的内容可知，为了方便清洗水果切分器，本专利采用的技术方案是：轴杆的上端与横置的柄把连接，在轴杆的下端上轴向设置有孔，在数块伞状分布的切刀的中心位置向上设置有凸起部，凸起部与孔螺纹连接。如果不是在轴杆的下端上轴向设置有孔，则轴杆无法与伞状分布的切刀连接。而权利要求 5 的技术方案包含了这种无法实现本申请目的的情形，因此不能得到说明书的支持，不符合《专利法》第二十六条第四款的规定。

综上所述，权利要求 1 不符合《专利法》第二十二条第二款、《专利法实施细则》第二十条第二款的规定，权利要求 2 至 4 不符合《专利法》第二十二条第三款的规定，权利要求 2、3 和 5 不符合《专利法》第二十六条第四款的规定，因此请求宣告专利权人为 B 公司、专利号为 201720233646.0 的实用新型专利全部无效。

请求人：A 公司
××××年××月××日

二、第二题参考答案

（一）权利要求书

1. 一种水果分离器，包括刀筒和切割结构，其特征在于：所述切割结构可拆卸地安装固定在所述刀筒的内部。

2. 如权利要求 1 所述的水果分离器，其特征在于：所述切割结构包括环形刀片和若干直形刀片，若干所述刀片环绕设置在所述环形刀片外周面上并呈伞状分布。

3. 如权利要求 2 所述的水果分离器，其特征在于：所述刀筒内表面对应设有用于插入并固定若干个所述直形刀片的若干个 U 形凹槽，所述 U 形凹槽上端开口，下端为封闭盲端。

4. 如权利要求 2 所述的水果分离器，其特征在于：所述刀筒外部设有把手。

5. 如权利要求 2 所述的水果分离器，其特征在于：所述切割结构包括圆环形刀片、若干直形刀片和定位环，若干所述直形刀片环绕设置在所述圆环形刀片外周面上呈伞状分布，所述直形刀片的末端与所述定位环连接。

6. 如权利要求 5 所述的水果分离器，其特征在于：所述刀筒的开口端处设置有带有内螺纹的装配槽口，所述定位环的外侧壁上设置有与所述装配槽口的所述内螺纹相适配的外螺纹。

7. 如权利要求1所述的水果分离器，其特征在于：所述切割结构包括若干直形刀片和定位环，若干所述刀片呈伞状分布并与所述定位环的内壁连接。

（二）另案申请的权利要求

1. 一种水果分离器，包括刀桶和切割结构，其特征在于：在所述刀桶的上端开口，所述切割结构可从所述刀桶的上端开口插入所述刀桶内部，并可以在所述刀桶内部上下移动。

2. 如权利要求1所述的水果分离器，其特征在于：所述切割结构包括数块伞状分布的切刀、刀柄和定位环，所述刀柄的端部连接数块所述切刀，数块所述切刀安装在所述定位环的内部。

3. 如权利要求1所述的水果分离器，其特征在于：所述切割结构包括数块伞状分布的切刀和把手，所述切刀的下边沿设有刀刃，所述把手的端部连接有数块伞状分布的所述切刀。

4. 如权利要求3所述的水果分离器，其特征在于：所述把手包括轴杆和柄把，在所述柄把上设置有防滑凸起结构，所述轴杆的上端与横置的所述柄把连接，在所述轴杆的下端上轴向设置有孔，在数块伞状分布的所述切刀的中心位置向上设置有凸起部，所述凸起部与所述孔螺纹连接。

5. 如权利要求3所述的水果分离器，其特征在于：所述把手包括两个竖杆和柄把，在所述柄把上设置有防滑凸起结构，两个所述竖杆的上端分别与横置的所述柄把的两端连接，两个所述竖杆的下端分别与所述切刀的其中两块所述刀片连接。

（三）分案申请的理由

第一项发明的独立权利要求相对于现有技术作出贡献的技术特征是"所述切割结构可拆卸地安装固定在所述刀筒的内部"，从而解决清洗不方便的技术问题。第二项发明的独立权利要求相对于现有技术作出贡献的技术特征是"所述切割结构可从所述刀桶的上端开口插入所述刀桶内部，并可以在所述刀桶内部上下移动"，从而解决在切水果时汁液四处飞溅的技术问题。

由此可见，两项独立权利要求对现有技术作出贡献的技术特征（即特定技术特征）既不相同，也不相应，彼此之间在技术上也无相互关联，从而两个独立权利要求之间并不包含相同或相应的特定技术特征，不属于一个总的发明构思，彼此之间不具备单一性，不符合《专利法》第三十一条第一款规定，因此应当分别作为两份专利申请提出。

三、第三题参考答案

1. 权利要求1具备新颖性，符合《专利法》第二十二条第二款的规定

附件1公开了一种水果切分器，并具体公开如下技术内容：数块伞状分布的切刀，切刀的下边沿设有刀刃；还包括把手，把手的端部连接有数块伞状分布的切刀。把手包括轴杆和柄把，在柄把上设置有防滑凸起结构，轴杆的上端与横置的柄把连接，在轴杆的下端上轴向设置有孔，在数块伞状分布的切刀的中心位置向上设置有凸起部，凸起部与孔螺纹连接。其没有公开权利要求1中的"刀筒和切割结构，所述切割结构可拆卸地安装在所述刀筒的内部"。由此可见，权利要求1要求保护的技术方案同附件1公开的内容相比，技术方案不相同，解决的技术问题不相同，取得的技术效果不相同。因此权利要求1相对于附件1具备新颖性，符合《专利法》

第二十二条第二款的规定。

附件2公开了一种水果刀，并具体公开了如下技术内容：水果刀包括一数块伞状分布的切刀，切刀的下边沿设有刀刃，还包括环形切刀，数块伞状分布的切刀安装在环形切刀的内部，环形切刀的下部设置有环形刀刃。其没有公开权利要求1中的"刀筒和切割结构，所述切割结构可拆卸地安装在所述刀筒的内部"。由此可见，权利要求1要求保护的技术方案同附件2公开的内容相比，技术方案不相同，解决的技术问题不相同，取得的技术效果不相同。因此权利要求1相对于附件2具备新颖性，符合《专利法》第二十二条第二款的规定。

附件3公开了一种切水果刀，并具体公开了如下技术内容：切水果刀包括数块伞状分布的切刀，切刀的下边沿设有刀刃，还包括把手，把手的端部连接有数块伞状分布的切刀，把手横着设置，把手包括轴杆和柄把，轴杆的后端与横置的柄把连接，轴杆的前端与数块伞状分布的切刀的中心位置连接。其没有公开权利要求1中的"刀筒和切割结构，所述切割结构可拆卸地安装在所述刀筒的内部"。由此可见，权利要求1要求保护的技术方案同附件3公开的内容相比，技术方案不相同，解决的技术问题不相同，取得的技术效果不相同。因此权利要求1相对于附件3具备新颖性，符合《专利法》第二十二条第二款的规定。

附件4公开了一种速切水果器，并具体公开了如下技术内容：速切水果器包括数块伞状分布的切刀，切刀的下边沿设有刀刃，还包括把手，把手竖着设置，把手与切刀中的刀片连接，把手包括两个竖杆和柄把，在柄把上设置有防滑凸起结构，两个竖杆的上端分别与横置的柄把的两端连接，两个竖杆的下端分别与切刀的其中两块刀片连接。其没有公开权利要求1中的"刀筒和切割结构，所述切割结构可拆卸地安装在所述刀筒的内部"。由此可见，权利要求1要求保护的技术方案同附件4公开的内容相比，技术方案不相同，解决的技术问题不相同，取得的技术效果不相同。因此权利要求1相对于附件4具备新颖性，符合《专利法》第二十二条第二款的规定。

2. 权利要求1具备创造性，符合《专利法》第二十二条第三款的规定

由于附件1与涉案专利属于相同的技术领域，且公开了涉案专利最多的技术特征，因此附件1是权利要求1最接近的现有技术。

由前述分析可知，权利要求1的技术方案同附件1的区别技术特征是：所述切割结构可拆卸地安装在所述刀筒的内部。基于上述区别技术特征，权利要求1相对于附件1解决的技术问题是：如何方便清洗切刀。

附件2至4均没有公开上述区别技术特征，上述区别技术特征不是本领域的公知常识，附件2至4没有给出将上述区别技术特征应用于附件1以进一步解决上述技术问题的技术启示。在附件1的基础上结合附件2至4得到权利要求1中的技术方案对本领域的技术人员来说非显而易见，权利要求1具有突出的实质性特点。

同时，权利要求1的技术方案相对于附件1至4来说，能够带来方便清洗切刀、防止滋生细菌的技术效果，因而权利要求1相对于附件1至4具有显著的进步。

综上所述，权利要求1具备创造性，符合《专利法》第二十二条第三款的规定。

第五套模拟试题简要解析

一、第一题和第二题解析要点

首先对申请文件中的权利要求书和说明书及其摘要所存在的撰写问题分别作出分析说明。

1. 第一题关于权利要求书中存在的问题简要解析

对于权利要求书撰写存在的问题，需要全面考虑权利要求书撰写的实体规定和格式规定等，分别进行分析并指出相关不符合规定之处。

从实体角度来看，首先，要考虑权利要求的主题是否符合《专利法》第二条第二款，是否符合《专利法》第五条，是否属于《专利法》第二十五条规定的不授予专利权的主题。

其次，要重点考虑权利要求是否具备新颖性和创造性。鉴于客户没有提供对比文件（后面提供的专利文献是用于第三至五题而非针对第一、二题的），仅需从客户自行撰写的说明书中提供相关信息（尤其是背景技术中的相关内容）来判断权利要求是否具备新颖性和创造性即可。

再次，需要考虑其他实体的问题，例如权利要求之间可能存在的不具备单一性的问题、独立权利要求是否记载了全部必要技术特征（注意还要考虑是否记载了非必要技术特征，该缺陷虽然不属于违反《专利法》的规定，但导致保护范围过少，也属于缺写上的实体缺陷），以及是否符合《专利法》第二十六条第四款的规定，包括权利要求的撰写是否存在不清楚的缺陷（包括每个权利要求自身撰写得是否清楚，以及权利要求引用关系是否存在问题等）、是否得到了说明书的支持。

最后，还要考虑权利要求撰写的形式要求，比如独立权利要求是否按两部分撰写，是否正确划界；从属权利要求是否存在多项引用多项从属权利要求的问题；以及诸如权利要求中有多个句号等形式缺陷。

2. 第二题关于说明书及其附图和摘要存在的问题简要解析

涉及说明书的考点，近年来在专利代理实务考试中时不时出现，因此需要应试者给予重视。对于该题而言，需要理解说明书撰写的实体要求和形式要求。

首先，需要了解说明书总体包括的各个部分——发明名称和说明书的五个部分（即技术领域、背景技术、发明内容、附图说明以及具体实施方式）。这是最基本的说明书撰写格式要求。应试者需要理解各部分的撰写格式要求，比如发明名称应当写在技术领域前一行居中的位置、说明书各部分要写明其标题等。

其次，需要理解各个部分的撰写应当包括的内容及其具体要求，即要理解发明名称、背景技术、发明内容、附图说明以及具体实施方式的撰写内容和要求。例如，尤其需要掌握发明内容应当包括要解决的技术问题、采用的技术方案和获得的有益效果三方面的内容。

最后，还要理解其他的撰写格式要求，比如附图标记在说明书中不必加括号、不能前后矛盾等。此外，也需要关注说明书附图、说明书摘要的相关要求。

本试题只要求指出说明书撰写存在的问题，并没有要求指出如何修改。但实际考试中有可能还要求说明如何修改，因此需要看清试题要求来做答。

二、第三题至第五题解析要点

1. 第三题关于权利要求撰写的简要解析

在本题中撰写权利要求时，一是不能局限于原权利要求书，二是要考虑客户提供的两篇专利文献，由此进行答题。

首先，理解客户自行撰写的申请文件中的发明内容，结合前述的分析已基本理解了较多内容。在该题中需要重新理清发明的内容，找出可能作为权利要求主题的内容。

简单来说，由说明书背景技术部分的内容可知，现有技术中的磁化防垢除垢器将两对彼此对置的条形磁块或扇形磁块放置在方形管道或圆形管道的同一截面上，这两对磁块相互垂直。这种布置方式使部分磁力相互抵消，导致磁通密度的减弱，影响磁化效果。此外，由于对磁场未采取任何屏蔽措施，致使漏磁严重，不仅增大磁能的损耗，而且会影响工作人员健康。进而，由说明书具体实施方式对发明内容的介绍可知，本发明针对现有技术中所存在的上述两个问题，分别主要采取了如下两个技术措施：

（1）将至少两对磁块以异性磁极相对的方式分别放置在管道的不同截面上，且相邻两对磁块之间形成的磁场基本相互垂直，从而避免两对磁极部分磁力的相互抵消。这样就在管道中产生了足够的磁通密度，提高了水的磁化效果。

（2）将永磁磁块用铁皮包覆起来，并在其外面设置了由非导磁材料制成的外壳，且使铁皮的表面与外壳内壁之间留有间隙。采取这样的结构，就能对磁块进行有效的磁屏蔽，防止磁泄漏，减少磁能损耗，避免影响工作人员身体健康。

如不考虑专利文献1和专利文献2，初步可以判断，由于上述两个方面的技术主题解决的技术问题完全不同，采取的技术手段完全不同，因此所构成的两项发明明显不具备单一性，需要分别提出专利申请。然后针对两项发明理清可能写权利要求书的技术特征，并分析其逻辑关系以及两者之间的关系。

其次，要考虑客户提供的两篇专利文献与原申请之间的关系，尤其要注意客户要求以原申请作为优先权来重新撰写权利要求。

从时间来看，要注意专利文献1是客户A公司之前提出的专利申请，其申请日为2021年3月16日，而公开日恰好是原申请的申请日（要理解现有技术的时间界限），因此并没有构成其现有技术。从试题来看，后面重新撰写为了获得专利保护，重新撰写的发明专利申请应当以原申请作为优先权，同时专利文献1距离考试当天（即题中的考试时间2022年11月7日）已超过12个月，重新撰写的发明专利申请也不能要求其作为优先权。故专利文献1时间上构成抵触申请，在撰写时需要考虑到专利文献1可用来作为判断待重新撰写的发明专利申请的技术方案是否具有新颖性的对比文件，但不能用作判断其是否具有创造性的对比文件。而专利文献2构成了现有技术，不仅可用来作为判断重新撰写的发明专利申请的新颖性，而且可用来作为判断其是否具备创造性的对比文件。

再对原申请的技术内容与审查员所引用的两篇对比文件之间的异同点进行分析，下表给出简要的对比。

原申请	专利文献1（发明专利申请）	专利文献2（实用新型专利）
申请日：2022年8月31日	申请日：2021年3月16日 公开日：2022年8月31日	申请日：2021年11月4日 公开日：2022年3月3日
a. 管道横截面为圆形 　　管道横截面为方形	× √	√ ×
b. 至少两对磁块	√（两对磁块）	√（两对磁块）
c. 磁块为瓦形 　　磁块为方形	× √	√（弧形） ×
d. 分别位于不同截面	√	√
e. 铁皮包覆永磁磁块	√	√
f. 铁皮的外表面与外壳的内壁之间留有间隙	√	×
g. 外壳	√	
h. 磁场相互垂直	√	√
i. 相邻两对磁块之间的圆形管道上安装有铁制垫圈	×	√

由上述技术特征披露对比表可知，专利文献1是客户A之前提出的专利申请，其公开了待重新撰写的发明专利申请较多的技术特征，但没有公开"管道为圆形、磁块为瓦形"技术特征，也没有公开"相邻两对磁块之间的圆形管道上安装有铁制垫圈"技术特征。初步考虑，相对于专利文献1，可以基于上述两个方面的区别来撰写权利要求书的独立权利要求。

专利文献2与待重新撰写的发明专利申请技术内容也非常相关，其中已经披露了"管道为圆形、磁块为瓦形"的技术特征，但没有公开"铁皮的外表面与外壳的内壁之间留有间隙"和"外壳"两个方面的技术特征。

基于上述分析，由于专利文献1只能影响撰写的权利要求的新颖性而不影响创造性，故撰写的独立权利要求要确保相对于专利文献1而言具备新颖性的，而相对于专利文献2具备新颖性和创造性。因此将"管道为圆形、磁块为瓦形"结合"铁皮的外表面与外壳的内壁之间留有间隙"和"外壳"作为基础撰写独立权利要求即可满足上述要求。

在撰写上述独立权利要求之后，还应当基于原申请文件的内容撰写必要数量的从属权利要求，以完成整个权利要求书的撰写。

基于原申请文件的技术内容，只需撰写一项发明的权利要求，因此不能撰写另外的独立权利要求，也就不涉及是否具备单一性的问题。

2. 第四题简要解析

对于权利要求1的新颖性的分析，由于涉及两篇专利文献，因此需要注意采取单独对比原则进行。

对于权利要求1的创造性的分析,其所占分数比关于新颖性的意见陈述要多,需要严格按照"三步法"来进行论述。首先,基于享有优先权的前提,由于专利文献1不能用于评价创造性,故仅有专利文献2才能用于创造性评价,也只能以其为最接近现有技术进行论述。其次,指出独立权利要求与专利文献2的区别技术特征。再次,确定发明实际解决的技术问题,即基于上述认定的区别技术特征所能达到的技术效果来确定发明实际解决的技术问题。最后,分析现有技术是否存在技术启示。由于仅有一篇现有技术,因此主要考虑区别技术特征是否是公知常识(而考试中对公知常识的认定相对简单,只要不是生活常识等过于常识的特征,而在发明中能够解决技术问题,获得技术效果,就可认定不属于公知常识,当然这一点在撰写权利要求时应当是被考虑过的)。此外,还要简要论述权利要求1获得了显著的进步。

上述论述中注意,最后要得出具备新颖性和具备创造性的结论,并给出法律条款(即《专利法》第二十二条第二款和第三款)。同时,为了便于阅卷人的阅读和评分,论述时应合理分段。

3. 第五题关于重新提交专利申请的相关建议的简要解析

第五题要求给出重新提交专利申请的相关建议。从前面给出的试题信息来看,重新撰写的权利要求书(申请文件)需要要求在先申请的原申请作为优先权,因此该题主要考查关于优先权相关规定的理解。本题建议从重新提交申请的时间要求和声明等能够享受优先权两个方面进行说明即可。

参考答案

一、第一题参考答案

1. 权利要求1存在的问题:

(1) 权利要求1缺少解决本发明技术问题的必要技术特征,不符合《专利法实施细则》第二十条第二款的规定。说明书明确写明本发明要解决的技术问题为:"不仅能在管道中产生足够的磁通密度,使水很好地磁化,而且结构简单可靠、成本低、无漏磁,不会影响工作人员的身体健康。"根据说明书具体实施方式所记载的内容,本发明为解决上述技术问题,采取的技术措施是"永磁磁块中任何两对位于管道的不同截面上,相邻两对磁块之间形成的磁场基本相互垂直,包覆上述磁块的铁皮的外表面与外壳内壁之间留有间隙"。因此,上述技术特征构成本发明磁化防垢除垢器的必不可少的技术特征,否则就解决不了说明书中所提出的本发明的技术问题。因此,权利要求1的技术方案不完整,不符合《专利法实施细则》第二十条第一款的规定。

(2) 权利要求1写入了非必要技术特征,导致保护范围过窄。按照《专利法实施细则》第二十条第二款的规定,只要求独立权利要求中记载解决发明或者实用新型技术问题的必要技术特征。从撰写的角度来看,不应写入非必要技术特征。权利要求1中写入的"为防止生锈,在所述外壳的外表面上涂有防护漆"这一技术特征与本发明要解决的技术问题无关,因为在外壳上涂防护漆仅仅能起到防锈作用，对于所提出的要在管道中产生足够的磁通密度、使水很好地磁化、无漏磁等技术问题毫无关联。权利要求1中写入的"不超过5对的永磁磁块"的限定也是非必要技术特征，因为永磁磁块为两对或两对以上就能解决本发明的技术问题，正如说明书中所指出的："通常水的硬度的情况下，使用5对磁块即可达到满意的防垢除垢的目的；若水的硬度更高，可适当增加磁块的对数，如9~10对磁块即可获得满意的效果。如果换热器的容量很小，使用时水的流速又较低，使用两对磁块就可。"因此不应将永磁磁块限定为不超过5对写入权利要求1中。

(3) 根据专利审查指南的规定，权利要求的表述应简要，除记载技术特征外，不得对原因或理由作不必要的描述。权利要求1中出现的"为使结构简单紧凑"的描述属于不必要的描述，导致权利要求撰写不简要，不符合《专利法》第二十六条第四款的规定。

(4) 根据专利审查指南的规定，除附图标记或者其他必要情形之外，权利要求中应当尽量避免使用括号。权利要求1中在"永磁磁块用铁皮5包覆"的后面记载了"铁皮两端搭接在一起，最好用铁丝将其捆住"，并用括号括起来。这种撰写不符合《专利法》第二十六条第四款的规定，因为采用这种撰写方式至少会使公众不清楚该括号中的内容是对权利要求1进行限定的技术特征还是一种澄清性说明，致使该独立权利要求的保护范围模糊不清。

(5) 权利要求1未相对于最接近的现有技术进行正确划界，不符合《专利法实施细则》第二十一条第一款的规定。根据说明书背景技术部分的记载，特别是其中的图Ⅰ中两幅图可知：在公知的磁化防垢除垢器中，每对永磁磁块是"以异性磁极相对的方式"置于由非异磁材料制成的管道外表面相对两侧。因此，"以异性磁极相对布置的方式"属于本发明主题与最接近现有技术共有的必要技术特征，应当将其放入独立权利要求1的前序部分，以便使公众能清楚地看出独立权利要求的全部技术特征中哪些是与最接近现有技术共有的技术特征，哪些是由发明人作出的区别于最接近现有技术的技术特征。

(6) 按照专利审查指南关于发明或者实用新型名称的规定，在发明名称中不得使用人名、地名、商标、型号或者商品名称等，也不得使用商业性宣传用语。而权利要求1中的发明主题名称中出现了产品型号"GCQ型"和商业性宣传用语"高效"，不符合相关的撰写规定。

(7) 按照《专利法实施细则》第十九条第四款的规定，权利要求中的技术特征可以引用说明书附图中相应的标记，该标记应当放在相应的技术特征后并置于括号内……。而原权利要求1中的附图标记未加括号，显然不符合上述规定。

此外，在权利要求2~7中的附图标记存在同样的问题。

(8) 按照专利审查指南的撰写规定，每一项权利要求只允许在其结尾处使用句号。原权利要求1的技术特征"并与外壳2两端连成一体"的后面使用了句号，不符合上述规定，也造成权利要求1记载的技术方案不清楚，是不允许的。

2. 权利要求2存在的问题

按照专利审查指南的撰写规定，从属权利要求的引用部分应当写明引用的权利要求的编号，其后应当重述引用权利要求的主题名称。权利要求2引用了权利要1，但其主题名称为管道和磁块，与权利要求1的主题名称"磁化防垢除垢器"不一致。

权利要求2限定部分的"用铁皮包覆固定在外壳2内上述方形中间管道9的外壁上"这一附

加技术特征的内容实质上已包含在权利要求1之中，导致权利要求的撰写不简要，不符合《专利法》第二十六条第四款的规定。

3. 权利要求3存在的问题

按照《专利法实施细则》第二十条第三款的规定，从属权利要求应当用附加技术特征对引用的权利要求作进一步的限定。权利要求2和3是两个不同的并列技术方案。对于前者，管道位于外壳内中间管道段的横截面形状为方形，与其配合的磁块形状为条形；对于后者，中间管道段的横截面形状为圆形，与其配合的磁块形状为瓦形。权利要求3引用权利要求2，就意味着同时要求位于外壳内中间管道段的横截面形状既呈圆形，又呈方形；磁块的形状既呈条形，又呈瓦形，显然是矛盾的。因此，权利要求3不是对原权利要求2技术方案的进一步限定，存在引用关系错误。

4. 权利要求4存在的问题

根据《专利法实施细则》第二十二条第二款规定，从属权利要求只能引用在前的权利要求。引用两项以上权利要求的多项从属权利要求，只能以择一方式引用在前的权利要求，并不得作为另一项多项从属权利要求的基础。权利要求4采用了非择一的引用方式，造成其表达的保护范围不清，不符合上述规定。

权利要求5~8也存在同样的问题。

5. 权利要求7存在的问题

《专利法》第二十六条第四款规定，权利要求书应当以说明书为依据，清楚、简要地限定要求专利保护的范围。而原说明书所公开的技术方案中只提到管道是用不锈钢、塑料或钢等制成。而权利要求7进一步限定该管道由铝合金制成，与说明书中的记载不一致，因此没有以说明书为依据。

6. 权利要求8存在的问题

权利要求8中的"在所述防护漆外表面绘制有红绿相间的宽条彩色花纹"属于一种外观色彩的设计，不属于产生技术效果的技术特征，因此权利要求8不符合《专利法》第二十六条第四款的规定。

二、第二题参考答案

（1）说明书中的发明名称"一种GCQ型高效磁化除垢器"包含了产品型号"GCQ型"和商业性宣传用语"高效"，不符合专利审查指南关于发明名称的撰写规定。同时，说明书中的发明名称"磁化除垢器"又与权利要求书中的主题"磁化防垢除垢器"不一致。从说明书公开的技术内容可知，该除垢器同时具有防垢功能，故应在发明名称中还应增添"防垢"二字。

（2）说明书各个部分之前均未写明标题，不符合《专利法实施细则》第十七条第二款的规定。应当在相应的部分写明五个部分的小标题：技术领域、背景技术、发明内容、附图说明以及具体实施方式。

（3）技术领域部分撰写要求：发明或者实用新型的技术领域应当是要求保护的发明或者实用新型技术方案所属或者直接应用的具体技术领域，而不是上位的或者相邻的技术领域，也不是发明或者实用新型本身。具体到该申请而言，从说明书所公开的技术内容可知，该磁化防垢除垢器是一种利用磁场处理水的装置，应当是一个单独的部件，而不附属于锅炉或者茶炉。安装在锅炉或者茶炉进水管道上仅仅是其一个应用方面，故将本发明所属技术领域写成"涉及一种锅炉、茶炉中换热设备的附件"是不合适的。正确的写法应当是"本发明涉及一种用磁场处理水的磁化防垢除垢器"或者"本发明涉及一种磁化防垢除垢器，尤其是用于锅炉、茶炉中的磁化防垢除垢器"。

（4）发明要解决的技术问题应当是针对现有技术存在的缺陷与不足，用正面、尽可能简洁的语言客观而有根据地反映发明要解决的技术问题，对发明所要解决的技术问题的描述不得采用广告式宣传用语。在客户自行撰写的说明书中，发明要解决的技术问题中写入了广告式宣传用语，即"提供一种技术先进、效果显著而无副作用的……"，这种用语与本发明所要解决的技术问题无关，应删去。

（5）发明内容中的技术方案存在两方面问题：一是缺少解决本发明技术问题的必要技术特征，即"永磁磁块中任何两对位于管道的不同截面上，相邻两对磁块之间形成的磁场基本相互垂直，包覆上述磁块的铁皮的外表面与外壳内壁之间留有间隙"。同时，列入了与本发明所解决技术问题无关的技术特征，即"所述外壳外表面上涂有防护漆"。二是出现了引用权利要求的语句："作为本发明的进一步改进，还可以采用权利要求2限定部分的结构"等，而这种撰写方式不符合《专利法实施细则》第十七条第三款的规定。

（6）发明内容的有益效果的撰写要求：有益效果可以通过对发明结构特点的分析和理论说明相结合，或者通过列出实验数据的方式予以说明，不得只断言发明或者实用新型具有有益的效果。而在撰写该申请发明内容的有益效果时缺乏具体的分析，只是断言其对水的磁化效果好、不易结垢和防垢除垢能力强，并写入了不恰当的广告式宣传用语"磁路设计独特合理、技术先进"等。

（7）附图说明部分存在两个问题：一是几幅附图共用一个图号；二是未使用阿拉伯数字顺序编号，而采用了罗马数字编号。

（8）说明书对具体实施方式的描述存在三个问题：

其一，对原图Ⅲ所示的实施方式的描述不具体，不详细。说明书中只写明"图Ⅲ是本发明磁化防垢除垢器的另一实施方式，这种防垢除垢器与图Ⅱ所示的防垢除垢器的结构基本相同"，而未对图Ⅲ所示圆形管道及与其配合的磁块作具体清楚的描述。

其二，附图中出现的附图标记6和7在说明书文字部分未出现。

其三，对照附图描述本发明的实施方式时，在附图标记的后面加了括号。

（9）说明书附图存在三个方面问题：

其一，几幅附图共用一个图号，图Ⅰ、图Ⅱ和图Ⅲ均包含两幅附图；

其二，附图未使用阿拉伯数据编号，而是采用罗马数字进行编号；

其三，附图中有不必的文字注释，如"方形外壁""条形磁块"等。

（10）说明书摘要存在四方面问题：

其一，发明名称中含有产品型号和商业性宣传用语；

其二，技术方案中缺少构成本发明技术方案的要点及有益效果；

其三，记入了与解决本发明技术问题无关的技术特征"所述外壳的外表面上涂有防护漆"；

其四，摘要中的附图标记未加括号。

(11) 说明书有附图的，申请人应当提供一幅最能说明该发明技术方案主要技术特征的附图作为摘要附图，而目前客户自行提交的申请文件没有指明摘要附图。

三、第三题参考答案

1. 一种磁化防垢除垢器，包括由非导磁材料制成的、横截面为圆形的管道（1）和至少两对各以异性磁极相对的方式置于其外表面相对两侧的瓦形永磁磁块（6、7），所述永磁磁块（6、7）用铁皮（5）包覆并固定在管道（1）上，所述永磁磁块（6、7）中的任何两对均位于管道（1）的不同截面上，相邻两对永磁磁块（6、7）之间形成的磁场基本相互垂直，其特征在于：还包括一个由导磁材料制成的、将所述铁皮（5）包覆的永磁磁块（6、7）包容在内的外壳（2），所述外壳（2）两端与所述管道（1）连成一体，所述铁皮（5）的外表面与所述外壳（2）的内壁之间留有间隙。

2. 按照权利要求1所述的磁化防垢除垢器，其特征在于：所述管道（1）上每相邻两对永磁磁块（6、7）之间装有铁制垫圈（8）。

3. 按照权利要求2所述的磁化防垢除垢器，其特征在于：所述永磁磁块的数量为4至5对。

4. 按照权利要求1至3任一项所述的磁化防垢除垢器，其特征在于：所述管道（1）的材料是不锈钢、塑料或铝合金。

5. 按照权利要求1至3任一项所述的磁化防垢除垢器，其特征在于：所述铁皮（5）两端搭接在一起而固定在管道（1）外表面相对的两侧。

6. 按照权利要求5所述的磁化防垢除垢器，其特征在于：通过将铁皮两端搭扣在一起，或者用铁丝将其捆住而固定在管道（1）外表面相对的两侧。

7. 按照权利要求1至3任一项所述的磁化防垢除垢器，其特征在于：管道（1）露出外壳（2）的两端部分上制有螺纹。

8. 按照权利要求1至3任一项所述的磁化防垢除垢器，其特征在于：在所述外壳（2）的外表面上涂有防护漆。

四、第四题参考答案

1. 权利要求1具备新颖性

权利要求1的磁化防垢除垢器，包括由非导磁材料制成的、横截面为圆形的管道和瓦形永磁磁块。专利文献1披露的磁化防垢除垢器，在外壳中由非导磁材料制成的管道部分的横截面为方形，而不是圆形；永磁磁块为条形，而不是瓦形。而与圆形管道相配的瓦形永磁磁块具有聚磁作用，可使磁场更均匀，使水的磁化更为理想，由此可知圆形管道和瓦形永磁磁块组配与方形管道和条形永磁磁块组配相比能带来更好的磁化效果。因此，对解决本发明的技术问题来说两者之间并不是简单的形状变化，圆形管道和瓦形永磁磁块组配能带来更好的技术效果，不是惯用手段的直接置换。因此权利要求1相对于专利文献1具备新颖性，符合《专利法》第二十二条第二款的规定。

专利文献2披露的水磁化装置并没有外壳，并没有披露权利要求1中的特征部分，因此权利要求1相对于专利文献2也具备新颖性，符合《专利法》第二十二条第二款的规定。

2. 权利要求1具备创造性

由于专利文献1是在原申请的申请日之前提出申请、在原申请日之后公开的中国发明专利申请文件，因此不可用来评价权利要求1的创造性。专利文献2的公开日在原申请的申请日之前，构成本申请的现有技术，可用来评价权利要求1的创造性。因此下面仅针对专利文献2及本领域的公知常识说明权利要求1具有创造性。

由于只有专利文献2能够用于评价本申请的创造性，因此专利文献2为本申请的最接近的现有技术。

权利要求1与专利文献2公开的技术方案相比，其区别在于：权利要求1的磁化防垢除垢器还包括一个由导磁材料制成的、将所述铁皮包覆的永磁磁块包容在内的外壳，所述外壳两端与所述管道连成一体，所述铁皮的外表面与外壳的内壁之间留有间隙。

权利要求1的技术方案通过上述区别特征，能够有效防止磁泄漏，因此权利要求1相对于专利文献2实际解决的技术问题是提供一种防止磁泄漏、减少磁能损耗、更为安全的磁化防垢除垢器。

专利文献2根本没有公开外壳，也没有给出防止磁泄漏的技术启示。而且，上述区别技术特征并不是本领域解决所述技术问题的惯用技术手段，是本领域技术人员不容易想到的。因此，权利要求1相对于专利文献2和本领域的公知常识而言，具备突出的实质性特点。

同时，由于权利要求1的技术方案能够防止磁泄漏，减少磁能损耗，有利于保护工作人员的身体健康，获得了有益的技术效果，具有显著的进步。

因此，权利要求1相对于专利文献2及本领域的公知常识而言具备突出的实质性特点和显著的进步，符合《专利法》第二十二条第三款关于创造性的规定。

五、第五题参考答案

关于重新提交专利申请，给出的相关建议如下：一是由于客户需要要求原申请的优先权，而优先权日是2022年8月31日，因此重新提交申请的时间上，应当最迟至2023年8月31日前提交（若遇周六、周日或其他节假日等，则延后到上班的第一天），以满足在十二个月的优先权期限的要求；二是注意在重新提交申请时应当同时声明要求优先权，写明原申请的受理局为中国国家知识产权局，申请号为202210123456.9并且申请日为2022年8月31日；三是目前重新撰写的权利要求书在原申请中有记载，因此其优先权是成立的。但在后续若有进一步改进或者与目前发明相比具有单一性的另外发明内容，还可以进一步增加到申请文件中，只要优先权期限内提交，则可以享受部分优先权。